FACULTÉ DE DROIT DE PARIS

THÈSE

pour

LE DOCTORAT

par

Michel CORNUDET

PARIS
IMPRIMERIE DE Vᵉ GOUPY ET Cⁱᵉ
Rue Garancière, 5
—
1864

THÈSE POUR LE DOCTORAT

DROIT ROMAIN.
De rei vindicatione.

DROIT FRANÇAIS.
Des conflits.

L'acte public sur les matières ci-dessus sera soutenu le vendredi 11 mars 1864, à midi,

PAR

MICHEL CORNUDET.

En présence de M. l'inspecteur-général CH. GIRAUD.

Président : M. VUATRIN, *Professeur.*

Suffragants :
{ MM. PELLAT,
VALETTE,
COLMET-DAAGE, } *Professeurs.*
LABBÉ, *Agrégé.*

Le candidat répondra aux questions qui lui seront faites sur les autres matières de l'enseignement.

PARIS
IMPRIMERIE DE V. GOUPY ET Cⁱᵉ,
Rue Garancière, 5
1864

DROIT ROMAIN.

DE REI VINDICATIONE.

(Digeste, lib. vi, tit. I.)

—

Les droits réels que l'action réelle a pour objet de faire valoir, sont : 1° le droit de propriété; 2° le droit d'hérédité; 3° les démembrements de la propriété; 4° l'état des personnes.

L'action réelle prend le nom de *rei vindicatio*, de *hœreditatis petitio*, d'action confessoire ou négatoire, enfin de *prœjudicium*, suivant qu'elle a pour but de sanctionner l'un des droits réels dont l'énumération précède.

Nous n'avons à nous occuper que de la *rei vindicatio*.

Sous l'empire du premier système de procédure, celui des actions de la loi, la *rei vindicatio* s'exerce au moyen de l'*actio sacramenti*. Elle présente à cette époque trois caractères que nous avons à noter, parce qu'ils ont laissé des traces ou qu'ils ont été abrogés dans la procédure formulaire.

1° Chacun des plaideurs revendique en prononçant les paroles consacrées : *Aio hanc rem esse meam ex jure Quiritium*, etc.

2° Le préteur attribue la possession intérimaire à qui bon lui semble, en exigeant de la partie qu'il préfère à cet égard les *prædes litis et vindiciarum*, c'est-à-dire des garants qui assurent l'obligation de restituer la chose et les fruits.

3° Le défendeur est condamné à la chose même réclamée par le demandeur.

La *rei vindicatio* est introduite dans le système formulaire, à l'aide de la formule *per sponsionem* dérivée du *sacramentum*, avec cette différence que la *sponsio* n'est plus pénale mais préjudicielle. Elle a pour but, en effet, de fournir au juge l'occasion d'examiner la question de propriété. Pour savoir si le défendeur doit au demandeur la somme, objet de la *sponsio*, le juge doit considérer si le demandeur est propriétaire, et, en cas d'affirmative, condamner le défendeur non pas à la somme stipulée, mais à l'*id quanti interest*.

Le caractère pécuniaire de toutes les condamnations, qui est une conséquence de la procédure par formules, est également attaché à la *rei vindicatio*.

La formule *per sponsionem* est ensuite remplacée par la formule pétitoire.

Le magistrat pose directement au juge la question de savoir si le demandeur est propriétaire, et l'*intentio* est ainsi conçue : « *Si paret hanc rem Auli Agerii esse ex jure Quiritium.* »

Mais si la pratique des condamnations pécuniaires, laquelle ne pouvait s'expliquer que par des raisons historiques, présentait des inconvénients, c'était surtout dans la *rei vindicatio*. Aussi le préteur imagina-t-il un moyen d'y échapper en introduisant dans la formule une petite addition (*neque restituatur*), à l'effet de donner au juge la mission d'ordonner la restitution de la chose avant de prononcer la condamnation du défendeur.

La *rei vindicatio* appartient donc à cette classe d'actions dites *arbitraires*, qui permettent au défendeur d'éviter sa condamnation en argent, en exécutant l'ordre qui lui est donné par le juge.

Cependant la liste des actions arbitraires, telle qu'elle nous est donnée par Justinien dans le § 31, aux Instituts, ne comprend pas la *rei vindicatio*. On peut conjecturer que le préteur n'a introduit d'abord la modification dont il vient d'être question ci-dessus, que dans les formules d'actions qu'il avait lui-même créées. Ce n'est qu'à la longue qu'il aura pris sur lui de modifier dans le même sens celle de la *rei vindicatio*. Aussi le paragraphe 31 aux Instituts, *de Actionibus*, n'énumère-t-il parmi les actions arbitraires que des actions prétoriennes. Il est probable que Justinien avait sous les yeux le texte d'un ancien jurisconsulte écrivant à une époque où la *rei vindicatio* n'était point encore devenue arbitraire. Quoiqu'il en soit, ce dernier caractère est hors de doute, et nous verrons qu'il produit des conséquences remarquables.

La revendication est l'action accordée au propriétaire qui veut réclamer une ou plusieurs choses séparées à lui appartenant, dont un tiers est en possession.

Nous diviserons nos études sur la revendication en six parties.

1° Quelles choses peuvent être réclamées par la revendication ?

2° A qui la revendication est-elle accordée?

3° Contre qui est-elle donnée?

4° Quels sont les différents résultats dont est susceptible cette action?

5° Quelles choses doit comprendre la restitution ou la condamnation pour défaut de restitution?

6° Où la chose revendiquée doit-elle être restituée?

I. — Quelles choses peuvent être réclamées par la revendication.

« Après les actions proposées pour une universalité,
« dit Ulpien (loi, 1, Ulp. l. XVI, *ad Edictum*), vient l'ac-
« tion destinée à demander des choses particulières. »
Par l'action en revendication, nous ne pouvons donc
réclamer que des choses séparées ; tout ce qui forme une
universalité, c'est-à-dire un ensemble de biens et de
droits, ne peut pas faire l'objet d'une revendication proprement dite. Pour ces sortes de choses, des actions spéciales existaient en droit romain : c'était l'*hœreditatis petitio*, par laquelle on réclamait l'ensemble des biens et droits
qui ont appartenu à un défunt ; la *querela inofficiosi testa-
menti*, qui avait lieu lorsque l'héritier *ab intestat* se plaignait d'avoir été exhérédé ou omis sans l'avoir mérité.

Cette règle posée et sauf certaines exceptions que
que nous examinerons en temps et lieu, on peut dire
que toute chose particulière peut être l'objet de la revendication. Peu importe qu'elle soit mobilière ou immo-
bilière, animée ou inanimée, pourvu qu'elle soit susceptible de propriété privée, elle peut être revendiquée.

Si l'on ne peut revendiquer que les choses particulières comment expliquerons-nous ce que dit Pomponius
au livre XXV de ses leçons ? « Par cette action, dit-il,
« on ne revendique pas seulement des choses particu-
« lières, mais on peut aussi revendiquer un troupeau de

« moutons. » Ce texte semble en contradiction avec ce que nous a dit Ulpien lui-même au commencement de la loi 1re. — Il n'en est rien pourtant ; il suffit de faire une distinction très-simple. Les *universitales* auxquelles la revendication ne s'applique pas, sont celles qui consistent dans un ensemble de biens et de droits, tel qu'une hérédité ; les interprètes donnent à ces universalités le nom d'*universitas juris*. Il n'en est pas de même de celles que les interprètes appellent *universitas facti*, et qui sont les collections de choses réunies sous une dénomination commune, comme un troupeau. Celles-ci sont susceptibles de revendication. Ainsi que le fait remarquer M. Pellat, un pareil ensemble forme une chose composée, un corps collectif, qui a son existence propre et peut être revendiqué.

La même distinction nous fait comprendre la diffé-rence qui existe entre un troupeau que l'on peut re-vendiquer comme corps collectif, et un pécule dont on peut revendiquer séparément chaque partie, mais qui ne peut être revendiqué comme *universitas*. Au dire de Cujas, cette différence consiste en ce qu'un trou-peut être considéré comme un corps composé de par-ties distinctes, et qu'un pécule est un droit et non un corps ; or, dit-il, la revendication ne s'applique qu'aux corps et non aux droits.

Ce qui prouve qu'il y là réellement une existence propre, c'est que le jurisconsulte ajoute qu'il suffira que le troupeau même soit à nous, bien que chacune des têtes qui le composent, ne nous appartienne pas ; car, dit-il, on revendique le troupeau, et non chaque animal en particulier.

Cependant Paul (loi 2, Paulus, lib. XXI, *ad Edictum*), fait à cet égard une distinction : Si, dit-il, le troupeau se compose de bêtes appartenant en nombre égal à deux personnes, aucune des deux ne pourra revendiquer le troupeau entier, puisque aucune d'elles n'a un nombre prépondérant qui attire à lui le nombre inférieur ; aucune des deux, non plus, ne pourra même revendiquer la moitié du troupeau, puisque le troupeau n'est pas commun par indivis entre elles. Dans ce cas, chacune des deux personnes qui prétendent droit à un nombre égal de bêtes dans le troupeau, revendiquera séparément les animaux qui lui appartiennent.

Mais si l'une a un plus grand nombre d'animaux, de manière qu'en retranchant ce qui appartient à l'autre, elle puisse néanmoins revendiquer le reste comme formant un troupeau, les têtes qui ne sont pas à elle ne seront pas comprises dans la restitution.

Le troupeau, corps collectif, subsiste malgré le renouvellement des corps individuels qui le constituent : « Un homme, dit Marcellus (Loi 3, Ulpianus, lib. XVI, « *ad Edictum*), qui avait un troupeau de trois cents « bêtes, en ayant perdu cent, a racheté un pareil « nombre de bêtes de quelqu'un qui en avait la pro- « priété ou qui les possédait de bonne foi : ces nouvelles « bêtes seront comprises dans la revendication ; et « quand même il ne resterait que les bêtes ache- « tées, il pourrait encore revendiquer le troupeau. »

L'*instrumentum*, ce qui sert à exploiter, à faire fonctionner une chose, n'est pas compris dans la revendication de cette chose ; il faut qu'il soit revendiqué individuellement. Ainsi, les agrès d'un navire doivent être revendiqués chacun en particulier ; la chaloupe aussi sera revendiquée séparément ; tous ces agrès ne sont pas compris dans la revendication du navire (Loi 3, p. 1, Ulpianus, lib. XVI, *ad Edictum*).

La revendication s'applique non-seulement à une chose formant un tout, mais aussi à une partie d'une chose, et même d'une chose qu'on ne peut diviser sans la détruire (Paulus, lib. XXI, *ad Edictum*, loi 35, p. 3).

Voici quelques exemples de cette règle.

Si deux choses de même nature ont été confondues et mêlées de telle manière qu'elles ne puissent être extraites et séparées l'une de l'autre, la revendication devra avoir lieu non pour la totalité, mais pour partie. Par exemple, mon argent et le vôtre ont été réduits en un lingot ; ce lingot sera commun entre nous, et nous revendiquerons chacun en proportion de ce que nous avons dans la masse, quand même il y aurait de l'incertitude sur le poids que chacun peut y avoir (Loi 3, p. 3, Ulpianus, lib. XVI, *ad Edictum*).

Dans ce dernier cas, il faudrait revendiquer pour une part indéterminée, afin d'éviter le danger de la plus-pétition.

Cette revendication n'est nécessaire que dans le cas où la co-propriété de l'une des deux personnes est contestée. Si elle ne l'est pas, Paul nous dit avec raison, qu'on devra intenter l'action *communi dividundo*.

Une hypothèse analogue est prévue dans la loi IV d'Ulpien. Il suppose que le blé de deux propriétaires a été confondu sans leur volonté ; dans ce cas, l'action réelle compète à chacun d'eux pour la quantité qu'il appert qu'il y a à lui dans ce monceau.

Le paragraphe 1er de cette loi prévoit différents cas qui peuvent donner lieu à quelques difficultés.

Pomponius, nous dit Ulpien, suppose qu'il a été fait de l'*œnomel* avec du miel et du vin, appartenant à deux personnes différentes ; suivant quelques-uns, dit Pomponius, cette liqueur est commune ; il est en effet impossible de séparer ces deux choses ; chacun des propriétaires primitifs aura droit à une part indivise dans ce mélange, et il pourra sortir de l'indivision par l'action *communi dividundo*. Mais il est un autre système qui consiste à dire qu'il y a eu là spécification , que les deux matières n'existent plus, qu'il est résulté du mélange une nouvelle espèce dont la propriété appartient au spécificateur; c'est l'opinion de Pomponius et d'Ulpien après lui.

Mais, continue Pomponius, si du plomb a été mêlé avec de l'argent, comme la séparation peut être opérée, la même difficulté n'existe plus ; la masse ne sera pas commune ; il n'y aura pas lieu à l'action *communi dividundo*, mais à la revendication, puisque chacun est resté propriétaire.

Cette décision repose sur ce que la séparation peut être opérée. Que faudra-t-il donc décider, si la séparation est devenue impossible; si, par exemple, du cuivre et de l'or ont été mêlés ? Devra-t-on dire qu'il y a là une nouvelle espèce, et qu'en conséquence la propriété en appartient au spécificateur ? Le jurisconsulte répond négativement; car, dit-il, les deux matières, quoique confondues, subsistent cependant. — Il y aura là chose commune : chacun des propriétaires primitifs aura un droit indivis sur le mélange, et pourra user de l'action *communi dividundo*, et même de la revendication d'une partie, si son droit est contesté par son adversaire.

Non-seulement, comme nous venons de le voir, on peut revendiquer une partie d'une chose, mais on peut revendiquer cette partie, même quand elle est indéterminée.

La raison de douter était celle - ci. En principe, celui qui veut revendiquer doit désigner exactement la chose, et dire pour combien il prétend en être propriétaire, si c'est pour le tout, la moitié ou le quart; et si n'étant propriétaire que du quart, il fait désigner dans *l'intentio* la chose entière, il encourra les conséquences de la plus-pétition et perdra son procès sans pouvoir le renouveler. Cette règle paraît donc exclusive de l'idée qu'on puisse revendiquer une partie indéterminée. Cependant, comme il est quelquefois impossible de savoir au juste pour quelle part on est propriétaire, on accordait dans ce cas une *vindicatio incertæ partis*, dont *l'intentio* était incertaine ; on remédiait ainsi à un double danger, celui de la plus-pétition, et celui de faire attendre le propriétaire jusqu'au moment où son incertitude aurait cessé.

Mais cette action ne s'accordait que très-rarement, et seulement pour une juste cause. Il peut y avoir, dit Gaïus, une juste cause, par exemple, s'il y a lieu à l'application de la loi Falcidie dans un testament, par suite de l'incertitude sur le retranchement à faire subir aux legs : le juge lui-même aura de la peine à s'en rendre un compte exact. On conçoit, en effet, que le légataire à qui un esclave a été laissé soit excusable d'ignorer quelle part il doit en revendiquer ; on donnera donc une action *incertæ partis*.

Sauf cette exception qui est suffisamment motivée, celui qui revendique une chose doit la désigner, énoncer s'il la revendique en tout ou en partie, et quelle partie il revendique ; car, dit Paul (loi 6, Paul, lib. VI *ad Edictum*), la dénomination de chose indique non un genre, mais une espèce.

A côté de ce premier principe, il y en a un autre qui nous servira également à résoudre quelques difficultés ; c'est que si les deux parties sont d'accord sur l'objet revendiqué, peu importe qu'il y ait erreur sur le nom (loi 6, p. 1. Ulpien, lib. XVI *ad Edictum*).

Voyons les conséquences de ces deux règles. « Octavénus, dit Paul dans la loi 6, pose cette règle, « que, pour une matière non ouvrée, il faut dire le « poids, pour une matière marquée, le nombre, pour « une matière travaillée, l'espèce. Il faut aussi dire la « mesure, lorsque la chose est déterminée par la me- « sure. Si nous demandons des vêtements, en soute- « nant qu'ils sont à nous, ou qu'ils doivent nous être

« donnés, faudra-t-il dire leur nombre, ou dire en
« outre leur couleur ? L'opinion préférable est qu'il
« faut dire les deux ; mais il serait dur de nous forcer
« à dire s'ils sont usés ou neufs. Il se présente aussi
« pour les vases une difficulté ; suffit-il de dire qu'on
« revendique un plat, ou faut-il ajouter qu'il est carré
« ou rond, uni ou ciselé ? Il est difficile d'ajouter ces
« indications dans les demandes, et il ne faut pas
« exiger une précision si rigoureuse ; toutefois, si l'on
« demande un esclave, il faut dire son nom, et exprimer
« s'il est enfant ou s'il a passé l'adolescence, du moins
« s'il y en a plusieurs ; mais si j'ignore son nom, je
« devrai user d'une démonstration, par exemple : celui
« qui fait partie de telle hérédité, celui qui est né
« d'une telle. De même quand on veut demander un
« fonds, on doit dire son nom et le lieu où il est situé. »

Mais si les parties ne sont pas d'accord sur l'objet
revendiqué, qu'arrivera-t-il ? Si par exemple, il existe
plusieurs esclaves portant le nom d'Éros, et qu'on ne re-
connaisse pas sur lequel porte l'action ? Pomponius, cité
par Ulpien (loi 5, p. 5. Ulpien, lib XVI *ad Edictum*),
répond qu'il ne peut y avoir lieu à aucune condamnation.

Paul ne partage pas cet avis (loi 83, p. 1. D. *de Verborum obligationibus*). En effet, s'il suffisait au défendeur
pour empêcher la condamnation, de dire qu'il a entendu
que la chose demandée était une autre que celle que
le demandeur avait en vue, la poursuite serait trop
facilement éludée. Il vaut mieux croire que la chose

réellement réclamée était celle que le demandeur avait en vue.

≃ Ainsi nous savons maintenant quelles choses peuvent être demandées par la revendication ; nous avons dit que ces choses étaient celles dont nous avons la propriété, *dominium*. Au contraire, la revendication ne s'applique pas aux choses dont nous n'avons pas la propriété.

En première ligne, il faut placer les personnes libres, quand bien même elles sont *alieni juris*, par exemple les enfants qui sont en puissance. Ces personnes sont soumises à un droit quelquefois très-rigoureux, puisqu'il allait jusqu'au droit de vie et de mort dans l'ancienne Rome, mais ce ne sont pas des choses et elles ne sont pas susceptibles de propriété.

Lors donc qu'une contestation s'élève concernant l'existence ou l'exercice de la puissance paternelle ou maritale sur ces personnes, il faut recourir à d'autres voies que la revendication. Le texte d'Ulpien, que nous visons (loi 1, p. 2. Ulpianus, lib. XVI *ad Edictum*), indique les actions préjudicielles et les interdits, dans lesquels le préteur renvoie l'affaire à l'examen d'un juge ; et la *cognitio prætoria*, dans laquelle le préteur se livre personnellement et en fait et en droit à l'examen de l'affaire.

Tel est le droit commun. Cependant, ajoute le jurisconsulte, on peut revendiquer avec addition de circonstance, *adjecta causa*. Ainsi, si quelqu'un forme sa demande en revendication en prétendant qu'un tel est *son fils* ou est *sous sa puissance* d'après le droit romain, sa demande est régulière. C'est cette qualité de fils ou d'individu en puissance qui constitue la *causa adjecta*, dont parle le jurisconsulte, et qui permet dans ce cas la revendication. Nous devons dire toutefois que Cujas donne de ce texte une autre explication et qu'il fait porter l'*adjecta causa* sur ces mots *ex lege Quiritium*.

Une seconde catégorie de choses qui ne sont pas susceptibles de revendication, comprend les lieux sacrés, ainsi que les lieux religieux (loi 23, p. 1, Paulus, lib. XXI *ad Edictum*). Ces lieux sont réputés *res nullius* et non susceptibles d'appropriation privée. Ils ne peuvent donc pas être revendiqués.

Dans un autre endroit de son commentaire sur l'édit (loi 43, Paulus, lib. XXVII *ad Edict.*), Paul ajoute : Ce qui adhère aux terrains religieux est religieux ; en conséquence, les pierres qui ont été employées dans une construction de ce genre, ne peuvent pas être revendiquées après en avoir été séparées ; mais on vient extraordinairement au secours du demandeur en lui accordant une action *in factum*, afin que le constructeur soit forcé de les restituer. Mais si des pierres appartenant à autrui ont été employées dans la construction sans la volonté du propriétaire, et que, le monument n'ayant pas encore servi, elles aient été détachées, pour être placées ailleurs, elles pourront être revendiquées par le propriétaire. Que si elles ont été séparées du monument pour y être replacées, il est constant que le maître pourra également les revendiquer.

Il faut donc distinguer entre le cas où le monument est déjà religieux et celui où il ne l'est pas encore devenu. Dans le premier cas, le propriétaire des matériaux perd complétement sa propriété ; ainsi quand les pierres sont détachées du monument, bien qu'elles cessent d'être elles-mêmes religieuses, il sera obligé de demander une action *in factum* pour se les faire restituer. Dans le deuxième cas, au contraire, les pierres n'ayant jamais été choses religieuses, sa propriété n'était qu'empêchée, il ne l'avait pas perdue ; si donc les pierres viennent à être séparées de l'édifice, il pourra les revendiquer, et cela quand bien même elles n'auraient été détachées que pour être ensuite employées dans une autre construction ou dans la même.

La loi 23 (loi 23, p. 5. Paulus, lib. XXI *ad Edict.*), nous indique un autre genre d'empêchement à la revendication. Toutes choses, y est-il dit, qui, unies ou ajoutées à d'autres, les suivent comme accessoires, ne peuvent, tant qu'elles y adhèrent, être revendiquées par le propriétaire. La propriété de cet accessoire n'est cependant pas perdue pour son maître ; seulement, il faut, pour qu'il puisse la revendiquer, que cette chose reprenne son existence indépendante, qu'elle soit détachée de l'autre. Mais, faudra-t-il que le propriétaire attende qu'elle soit détachée naturellement ? Non. Le propriétaire peut agir *ad exhibendum*, afin de faire séparer les deux choses et de revendiquer ensuite la sienne. Et si le maître de la chose principale refusait d'exhiber, il serait condamné à l'estimation que le demandeur fixerait sous la foi du serment.

Toutefois Paul fait ici une distinction suivant la manière dont l'union des deux choses s'est opérée.

Si un bras a été joint à une statue par soudure immédiate, sans interposition d'un autre métal, il est absorbé dans l'unité de la partie plus considérable, et une fois devenu ainsi la propriété d'un autre, quand même il serait séparé par rupture, il ne peut plus revenir à son premier maître. Celui-ci ne pourrait donc pas intenter l'action *ad exhibendum* contre le propriétaire de la statue. Il n'en est pas de même de ce qui a été soudé avec du plomb, parce que la soudure par la matière elle-même opère confusion, tandis que la soudure par l'interposition du plomb ne produit pas le même effet; il est facile de séparer le bras et de le faire reparaître exactement tel qu'il était; l'action *ad exhibendum* sera donc admise dans ce cas. Dans tous les cas où l'action *ad exhibendum* et par suite la revendication, n'est pas possible, le préteur donnera au maître primitif une action *in factum* pour se faire indemniser.

Les arbres qui ont poussé des racines sur le terrain d'autrui sont assimilés aux parties soudées sans interposition d'autre métal. De même que celles-ci cessent complétement d'appartenir au maître primitif et ne lui font pas retour lorsqu'elles viennent à être détachées, de même aussi le propriétaire des arbres perd complétement sa propriété : s'ils sont arrachés, ils ne lui re-

tournent pas, parce que, dit Paul (Paul, 1. 26, p. 2.
D. — *De adq. rer. dom.*), la nourriture qui leur a été
fournie par un autre sol en a fait des arbres nouveaux. Mais, au dire d'Ulpien (loi 5, p. 3. Ulp. lib. XVI,
ad Edict.), Varus et Nerva donnaient l'action réelle utile
au précédent propriétaire, action par laquelle celui-ci
demandait l'arbre comme s'il était encore à lui; le propriétaire du terrain devait lui payer une indemnité, si
mieux il n'aimait rendre l'arbre.

☞ Lorsque le propriétaire d'un fonds a construit sur ce
fonds avec des matériaux d'autrui, la construction lui
appartient. La raison en est que le propriétaire des matériaux ne peut les revendiquer. Il y a un obstacle qui
s'oppose à cette revendication, c'est l'incorporation des
matériaux à l'édifice. Cette incorporation fait que les
matériaux n'existent plus en tant que matériaux, et
qu'en conséquence ils tombent sous l'application de la
règle : *res exstinctæ vindicari non possunt.* Le droit
commun aurait bien fourni un moyen pour lever
l'obstacle, à savoir l'action *ad exhibendum.* Mais la loi
des Douze tables écartait cette action pour des motifs
d'utilité publique.

Ces motifs étaient déduits, non pas, comme on l'a
prétendu, de *l'aspectus urbis*, considération tout à fait
étrangère au temps où la loi des Douze tables a été
promulguée, et qui n'a été produite que dans les constitutions du Bas-Empire, mais bien de la nécessité qu'il
y avait à maintenir les constructions, *ne œdificia rescindi
necesse sit.* Il y avait là une espèce d'expropriation pour

cause d'utilité publique, prononcée par la loi elle-même contre le propriétaire des matériaux. Mais cette expropriation n'avait pas lieu sans indemnité. La loi des Douze tables avait introduit au profit du propriétaire des matériaux une action spéciale, dite *de tigno juncto*, en vertu de laquelle le demandeur pouvait obtenir au double la valeur des matériaux.

Le soin qu'avait pris la loi des Douze tables d'écarter l'action *ad exhibendum* prouve que sous l'empire des actions de la loi, les condamnations n'étaient pas pécuniaires. En effet, si l'action *ad exhibendum* n'avait pas dû aboutir à la démolition même de l'édifice, elle n'eût point été proscrite par le législateur.

Plus tard (loi 23, p. 6. Paul, lib. XXI, *ad Edict.*), l'action *ad exhibendum* fut donnée contre celui qui avait employé les matériaux de mauvaise foi, et cela, non pas comme les possédant, et pour recevoir du juge l'ordre de les exhiber, mais comme ayant cessé par dol de les posséder, et pour s'entendre condamner à payer l'estimation qu'en fera le demandeur par le *jusjurandum in litem*.

Du reste, au dire du § 7 de cette même loi, les matériaux une fois détachés peuvent être revendiqués par le précédent propriétaire, comme n'ayant jamais cessé de lui appartenir : « De même, dit Paul, si quel-
« qu'un bâtit avec les matériaux d'autrui sur son
« propre sol, il pourra revendiquer l'édifice ; mais
« quant aux matériaux détachés, c'est l'ancien maître
« qui les revendiquera, quand même l'édifice, pos-

« sédé par un acheteur de bonne foi, aurait été dé-
« truit après le temps de l'usucapion ; car chacun des
« matériaux en particulier n'est point usucapé, bien
« que la maison nous soit acquise par un certain laps
« de temps. »

Ce que nous venons de dire des matériaux d'une maison s'appliquerait aux matériaux d'une armoire ou d'un navire (Paul, l. 30 pr. **D.** *de adq. possess.*).

II. — A qui la revendication est-elle accordée ?

La revendication, ayant pour but de se faire restituer une chose dont on a perdu la possession, est accordée à celui qui a acquis la propriété, soit en vertu du droit des gens, soit en vertu du droit civil (loi **23** pr. Paul, lib. XXI, *ad edict.*), c'est-à-dire, soit par un mode du droit des gens, comme la tradition pour une chose *nec mancipi,* soit par un mode du droit civil, comme la mancipation pour une chose *mancipi*, l'*in jure cessio* ou l'usucapion pour une chose *mancipi* ou *nec mancipi.*

Il faut de plus que celui qui se prétend propriétaire ne soit pas en possession ; car, autrement, la revendication lui serait inutile, au moins en général.

Mais si le propriétaire qui a perdu sa possession, peut s'y faire remettre sans intenter la revendication, il y trouvera un immense avantage. En effet, le rôle du demandeur à la revendication est le plus désavantageux, puisqu'il impose le fardeau de la preuve souvent très-difficile de la propriété ; il importe donc à celui qui se propose de revendiquer une chose d'examiner s'il ne peut point s'assurer le rôle de défendeur en se faisant maintenir dans une possession qui serait contestée ou troublée, ou en se faisant restituer une possession qui aurait été perdue. C'est, du reste, le conseil que Gaïus donne au demandeur à la revendication : « Celui, dit-il, qui se propose de demander « une chose, doit examiner s'il peut en obtenir la pos- « session par quelque interdit, parce qu'il est beau- « coup plus commode de posséder soi-même, et de « forcer son adversaire à se charger du rôle onéreux de « demandeur, que de demander quand un autre pos- « sède (loi 24, Gaïus, lib. VII, *ad Edict. provinciale*). »

Le principe général est donc que cette action n'est accordée qu'à celui qui se prétend propriétaire.

Mais à quelle époque l'existence du droit de propriété du demandeur est-elle exigée ?

Le droit de propriété du demandeur doit exister et au moment de la litiscontestation et au moment du jugement.

Si le droit du demandeur n'existe pas au moment de la litiscontestation, mais prend naissance dans le courant de l'instance, le juge n'a aucun compte à en tenir. Ce droit nouveau qui est survenu au demandeur ne lui avait pas été soumis, et en tenir compte au demandeur, ce serait lui procurer un avantage qu'il n'aurait pas eu si le procès se fût terminé au moment de la litiscontestation. Il va sans dire, du reste, que le demandeur pourra faire valoir le droit nouvellement acquis en sa faveur dans une autre instance, et que le défendeur absous sur la première action ne pourra pas dans cette seconde lui opposer l'exception de la chose jugée.

Mais il ne suffit pas que le droit de propriété du demandeur existe au moment de la litiscontestation, il faut qu'il subsiste encore au moment du jugement. Le juge en prononçant la sentence doit reconnaître le droit du demandeur comme présent et actuel; or il l'a perdu ; donc il n'a plus d'intérêt à réclamer une chose qu'on pourrait lui reprendre immédiatement. Toutefois, cette règle a reçu un tempérament d'équité. Comme le demandeur ne doit pas souffrir, ni le défendeur profiter ou faire profiter un tiers des délais de l'instance, l'usucapion accomplie au profit du défendeur, ou même d'un tiers que celui-ci a voulu favoriser en s'offrant au procès comme possesseur, n'empêchera pas que le demandeur n'obtienne gain de cause. Le juge doit 'ui accorder tout ce qu'il aurait eu si justice avait pu lui être rendue à l'intant même de la litiscontestation (Pellat, p. 226 et 227).

De ce que la revendication n'est accordée qu'à celui qui se prétend propriétaire, il résulte que si l'acheteur d'un fonds n'en a pas été mis en possession, il ne pourra pas le revendiquer ; car il n'est pas devenu propriétaire par le fait seul de l'achat. En effet, Callistrate (loi 80, Callistratus, lib. II. *Edicti monitorii*) se prononce en ce sens : « Celui, dit-il, à qui un champ appartient pour cause

« de vente, ne pourra valablement intenter l'action
« réelle, avant que le champ lui ait été livré et qu'il en
« ait ensuite perdu la possession. » Seulement, il a droit
d'en obtenir la propriété par une action personnelle.

Une autre conséquence de notre principe est qu'un
individu ne peut pas revendiquer une chose achetée
par autrui avec son argent à lui, qu'il ait prêté ou non
cet argent. La chose achetée appartient à l'acheteur.
C'est ce que dit Gordien : « Si celui à qui vous avez
« confié de l'argent en dépôt, s'en est servi pour acheter
« un fonds dont il a reçu la tradition, il serait contraire
« au droit de vous accorder une action pour revendi-
« quer le fonds entier, ou même pour en revendiquer
« malgré lui une partie proportionnée à votre dépôt. »

Il y a cependant des cas exceptionnels où il est permis au maître de l'argent, quand il ne veut pas faire
usage de l'action personnelle qu'il peut avoir contre
l'acheteur, de se présenter lui-même comme propriétaire de la chose achetée avec son argent, et de réclamer
cette chose par une revendication utile contre tout
possesseur, même contre l'acheteur, qui a lui-même
la revendication directe.

Nous citerons, d'après M. Pellat, trois exemples :

1° Le militaire, dont l'argent castrense ou non a été
employé par une autre personne à un achat, peut demander la chose achetée par une revendication utile,
sans distinguer s'il a d'ailleurs une action personnelle
en indemnité (loi 8, *C. De rei vindicatione*).

2° Les personnes soumises à la tutelle ou à la curatelle, quand leur tuteur ou curateur a acheté pour lui-même une chose avec leurs deniers, peuvent réclamer cette chose par la revendication utile (loi **2**, **D.**, *Quandò ex facto tutoris vel curatoris minores agere vel conveniri possunt*).

3° Un époux, qui a donné une somme d'argent à son conjoint, peut, attendu la nullité des donations entre époux, revendiquer ses écus, ou, s'ils sont dépensés, les redemander par condiction jusqu'à concurrence de ce dont l'époux donataire s'est enrichi. Il peut aussi, si celui-ci est insolvable, demander par la revendication utile la chose achetée de son argent (loi **55**, **D.**, *De donationibus inter virum et uxorem*).

Mais si nous n'avons pas le droit de revendiquer les choses dont nous ne sommes pas propriétaires, en revanche nous pouvons revendiquer une chose comme étant à nous, malgré la chance de voir la propriété nous échapper au cas où la condition opposée à un legs ou à une liberté s'accomplirait (loi 66, Paulus, lib. II, *Questionum*.) En effet, en attendant l'événement de la condition, l'héritier a la propriété de l'esclave ou de la chose, bien qu'elle puisse lui échapper un jour, et il peut la revendiquer.

Dans un autre texte (loi 41, Ulp., lib. XVII *ad Edictum*), Ulpien donne la même décision pour le cas d'une vente faite avec la clause que la vente ne tiendra pas si le vendeur trouve, dans un certain temps, un autre acheteur qui lui offre des conditions plus avantageuses, vente que les Romains désignaient sous le nom d'in *diem addictio.* Dans ce cas, l'acheteur, si la chose lui est livrée, en devient propriétaire ; s'il vient à en perdre la possession, il pourra la revendiquer. Mais, d'après Ulpien ; dès que la condition se sera réalisée, il ne pourra plus user de l'action réelle. La propriété sera retransférée au vendeur *ipso jure*, sans qu'il intervienne aucun acte propre à en opérer la translation. Ceci, ainsi que le remarque M. Pellat, est contraire à la doctrine commune, et Ulpien expose ici une opinion qui lui est personnelle.

Lorsque la chose toute entière nous appartient, il n'y a pas de difficulté ; nous venons de voir que nous pouvons revendiquer. Mais il peut se faire qu'il y ait dans l'objet revendiqué quelque chose qui ne nous appartienne pas. Qu'arrivera-t-il dans ce cas ? Le titre que nous expliquons contient plusieurs espèces que nous allons parcourir successivement.

« Si quelqu'un, dit Paul (loi 23, p. 2. Paul, lib. XXI
« *ad Edictum*), a ajouté la chose d'un autre à la sienne,
« de manière qu'elle en devienne une partie, par
« exemple, s'il a ajouté à sa statue un bras ou un pied
« appartenant à autrui, à sa coupe une anse ou un
« fond, à son candélabre une figurine, ou à sa table
« un pied, il devient propriétaire de la chose totale, et
« il prétendra avec vérité que la statue ou la coupe
« est la sienne ; c'est ce que disent, avec raison, la
« plupart des auteurs. »

Nous avons déjà vu qu'il en est de même pour la revendication d'un troupeau (loi 1, p. 3. Ulp., lib. XVI *ad Edictum*). Il suffira que le troupeau même soit à nous, bien que chacune des têtes qui le composent ne nous appartienne pas ; car on revendique le troupeau, et non chaque animal en particulier. Toutefois, il faut ici faire une distinction, car le troupeau dans lequel se trouvent des animaux étrangers ne nous appartient cependant en entier qu'autant que la majeure partie nous en appartient, et forme une quantité suffisante pour être appelée un troupeau.

Le propriétaire d'un fonds peut également revendiquer le fonds entier, bien qu'il n'en ait pas l'usufruit. C'est ce que Paul nous dit dans un autre titre du Digeste (loi 25, *de verb. signif.* Paul, lib. XXI *ad Edict.*) : « C'est à bon droit, dit-il, que nous disons
« qu'un fonds de terre nous appartient tout entier,
« bien que l'usufruit appartienne à un autre ; car l'usu-
« fruit n'est pas une partie de la propriété, mais n'en
« est qu'une servitude, comme celle de passage ou de
« chemin. D'ailleurs, c'est avec raison que je prétends
« qu'une chose m'appartient en entier, lorsqu'on ne
« peut dire d'aucune des parties qu'elle appartient à
« un autre. Tel est aussi l'avis de Julien, et c'est l'opi-
« nion la plus vraisemblable. »

Toutes ces solutions, quelque rigoureusement vraies qu'elles soient en droit pur, seraient injustes, si le possesseur n'avait pas le moyen de retenir soit l'usufruit, soit la partie de la chose englobée dans la chose principale, ou tout au moins de se faire indemniser. Le droit romain ne laissait pas le possesseur sans ressource : « Dans tous les cas, nous dit Paul (loi 23, p. 4,

« lib. XXI, *ad Edict.*) où ma chose, par prépondé-
« rance, attire à elle la chose d'autrui et la rend
« mienne, si je la revendique, je serai forcé, par le
« moyen de l'exception de dol, à payer le prix de ce
« qui y a accédé. »

Enfin, ce qui reste de ma chose continue d'être à
moi, et j'ai le droit de le revendiquer (Loi 49, p. 1.
Celsus, lib. XVIII. *Digestorum*). Le droit de propriété
que j'avais sur une chose continue d'exister sur ses dé-
bris, à la différence du droit d'usufruit, qui finit dès
que la chose est modifiée de manière à ne pouvoir plus
servir au même usage.

Pour nous résumer, nous dirons que la revendication
est accordée au propriétaire qui n'est pas en possession
de la chose qui lui appartient.

Mais ce n'est pas tout que de dire que la revendication n'appartient qu'au propriétaire, il faut encore rechercher à qui incombera la preuve de cette qualité de
propriétaire.

C'est au demandeur à prouver qu'il est propriétaire;
et c'est en cela que la position du défendeur est de
beaucoup préférable : car la preuve de la propriété est
souvent fort difficile à faire.

En quoi consiste précisément cette charge de la
preuve? Si le demandeur prétend que la propriété lui
a été transférée par autrui, lui suffira-t-il de prouver
qu'il a obtenu la chose par un mode régulier d'acquisition, en laissant au défendeur le soin de prouver que

l'un des auteurs du demandeur n'était pas propriétaire?
Ou bien faudra-t-il que le demandeur prouve non-seulement un mode légal d'acquisition en sa personne,
mais encore l'existence du droit de propriété en la personne de ces auteurs?

Il nous semble plus conforme aux principes et plus
juste d'adopter cette dernière solution. Personne ne
peut donner ce qu'il n'a pas. Or, si le demandeur tient
son droit de propriété d'un autre, celui-ci n'a pu le lui
transférer qu'autant qu'il l'avait lui-même. Il faut donc,
pour établir son droit de propriété, qu'il prouve la propriété de ses auteurs.

De plus, en forçant le défendeur à prouver que l'un
des auteurs du demandeur n'était pas propriétaire, vous
changez injustement la position du défendeur, en re-
tournant les rôles et en détruisant cette présomption
que celui qui possède est présumé être propriétaire
jusqu'à ce qu'un autre ait prouvé son propre droit de
propriété.

Mais, objecte-t-on, en obligeant le demandeur à remonter ainsi d'auteur en auteur jusqu'au fait primitif
d'appropriation, on lui impose une preuve littéralement
impossible — A cela nous répondrons que l'un des
avantages de l'usucapion était précisément de diminuer
la difficulté de cette preuve. Il ne sera pas nécessaire
de remonter jusqu'à l'acquéreur primitif; il suffira,
dans la plupart des cas, de poursuivre cette recherche
jusqu'à une époque un peu plus reculée que le délai
très-court par lequel s'accomplit l'usucapion,

Telle est, nous semble-t-il, la véritable décision à donner à la question.

Avant de nous demander contre qui la revendication doit être donnée, il convient d'examiner pourquoi la revendication n'est jamais donnée au possesseur? Est-ce, comme on le dit communément, qu'il n'y a pas intérêt? ou bien, n'y a-t-il pas encore une autre raison?

Sans doute, en général, le possesseur n'a pas intérêt à exercer la revendication. Il lui suffira, dans la plupart des cas, d'attendre que le prétendu propriétaire intente l'action contre lui, sa qualité de possesseur le dispensant de preuves et lui assurant la préférence en cas de doute sur la propriété.

Mais il n'en est pas toujours ainsi. Il peut se faire que tel possesseur ait actuellement entre ses mains des preuves de sa propriété, preuves que plus tard il ne pourra plus retrouver, preuves qui peuvent disparaître d'un moment à l'autre. Il a donc intérêt à faire constater sa propriété et à ne pas attendre que son adversaire, qui épie peut-être le moment favorable où les preuves auront disparu pour l'attaquer, intente contre lui la revendication — Mais, comment le possesseur devra-t-il s'y prendre? Pourra-t-il exercer lui-même la *rei vindicatio?* Il ne le pourra pas, non pas ici parce qu'il n'a pas d'intérêt, nous venons de voir qu'il en a un très-réel, mais parce que le droit romain lui offre un autre moyen. Il pourra exercer un *præjudicium,* ou formule consistant seulement en une *intentio,* sans *condemnatio,* c'est-à-dire où le préteur pose simplement au juge la question de savoir si le possesseur dont nous parlons est propriétaire, sans le charger de condamner ni d'absoudre personne. Le *præjudicium* est donc une mesure provisoire pour faire reconnaître préalablement un rapport de droit, dont on fixera les conséquences dans un procès ultérieur. Si donc le possesseur est reconnu propriétaire, lorsque plus tard un tiers viendra revendiquer contre lui, il lui opposera le *præjudicium* rendu en sa faveur.

Nous pouvons maintenant passer à la question de savoir contre qui la revendication est donnée.

III. — Contre qui la revendication est-elle accordée?

A propos de cette question, nous aurons à en examiner plusieurs autres. Nous aurons d'abord à nous demander contre qui précisément l'action est donnée; c'est là le point de départ. Puis nous verrons si l'action est accordée contre tout possesseur, et s'il ne faut pas examiner à quel titre il possède ; à quel moment le possesseur doit posséder, et ce qui arrive lorsqu'il a cessé par dol de posséder. Nous examinerons enfin si l'héritier du possesseur est tenu de l'action en revendication, et à quel titre il est tenu. Toutes questions des plus importantes, et sur lesquelles les jurisconsultes romains n'étaient pas toujours d'accord.

Dans la loi 9 de notre titre (loi 9, Ulp. lib. XVI, *ad Edictum*), Ulpien s'exprime ainsi : « L'office du juge

« dans cette action sera d'examiner si le défendeur
« possède. Peu importe pour quelle cause il possède;
« car, dès que j'ai prouvé que la chose m'appartient,
« le possesseur sera dans la nécessité de restituer, s'il
« n'a pas opposé quelque exception. Quelques auteurs
« cependant, comme Pégase, ont pensé que cette ac-
« tion n'embrasse que cette possession qui donne lieu
« à l'interdit *uti possidetis* ou à l'interdit *utrubi* : aussi
« dit-il que celui chez qui une chose a été déposée,
« celui à qui elle a été prêtée en usage ou louée, celui
« qui est en possession pour la conservation des legs,
« ou à cause d'un enfant à naître, ou parce qu'on ne
« lui donnait pas caution pour le dommage imminent,
« ne peuvent pas être actionnés en revendication,
« parce que toutes ces personnes ne possèdent pas.
« Pour moi, je pense qu'on peut revendiquer contre
« tous ceux qui tiennent la chose et ont la faculté de
« la restituer. »

Ainsi deux questions sont posées au juge, l'une directement, par les termes mêmes de la formule, l'autre
indirectement et comme conséquence : 1° le demandeur est-il propriétaire ; 2° le défendeur est-il possesseur ?

Nous avons vu ce qui est relatif à la preuve de la
propriété par le demandeur ; il nous reste à examiner
la seconde des questions que le juge doit résoudre : le
défendeur est-il possesseur ?

C'est un fait à constater, et le juge n'a point à s'en-
quérir de la cause de sa possession, puisque le défen-

deur n'est pas tenu de prouver son droit à conserver la
chose. De plus, il n'y a pas à distinguer si le défendeur
possède pour lui ou pour autrui : il suffit qu'il détienne
la chose et ait la faculté de la restituer.

Cette dernière règle a été modifiée par une constitution de Constantin (loi 2, C. *Ubi in rem actio exerceri de-
beat.*) Celui qui possède au nom d'autrui un immeuble
doit, quand il est actionné en revendication, nommer
aussitôt celui au nom de qui il possède. Alors celui-ci
sera averti de se présenter dans un délai fixé par le juge.
S'il se présente en personne ou par procureur, il prendra
le rôle de défendeur et soutiendra le procès. S'il ne se
présente pas, il sera cité trois fois, et, s'il persiste dans
sa contumace, le juge, après une discussion sommaire
de l'affaire, ordonnera au détenteur de restituer la chose
au demandeur, et celui-ci, ainsi mis en possession, se
trouvera défendeur à la revendication que l'absent
pourra intenter plus tard.

A quelle époque l'existence de la possession dans la
personne du défendeur est-elle nécessaire?

« Il faut, dit Paul (loi 27, lib. XXI, *ad Edictum*),
« que le défendeur possède et au temps de la litiscon-
« testation et au temps du jugement. Que s'il a possédé
« au moment de la litiscontestation, mais que, lors du
« jugement, il ait, sans son dol, perdu la possession,
« il doit être absous. De même, si, au temps de la li-
« tiscontestation, il ne possédait pas, mais qu'il pos-
« sède au temps du jugement, il faut admettre l'avis
« de Proculus qu'il doit absolument être condamné.

« Il sera donc aussi condamné à raison des fruits à
« partir du jour où il a commencé à posséder. »

Ce texte de Paul présente une contradiction. En
effet, au commencement, il dit « qu'il faut que le dé-
« fendeur possède et au temps de la litiscontestation
« et au temps du jugement. » Et plus loin, il ajoute :
« De même, si, au temps de la litiscontestation, il ne
« possédait pas, mais qu'il possède au temps du juge-
« ment, il faut admettre l'avis de Proculus qu'il doit
« absolument être condamné. »

Il est probable que Paul citait d'abord ici quelque
jurisconsulte qui admettait la règle énoncée au commencement du texte, à savoir que le défendeur devait
posséder et au temps de la litiscontestation et au temps
du jugement, et qu'en conséquence celui qui ne possédait pas au moment de la litiscontestation devait être
absous. Puis il citait ensuite l'opinion contraire de Proculus, à laquelle il donnait avec raison la préférence.
Les compilateurs auront conservé les deux règles sans
faire mention de la controverse, et c'est ce qui explique
une apparente contradiction.

Ainsi, pourvu, en définitive, que le défendeur possède au moment du jugement, quand même il ne possédait pas au moment de la litiscontestation, il devra
être condamné, s'il ne restitue pas. La raison de cette
décision est double. En premier lieu, la formule est
ainsi rédigée que le juge n'a point à examiner le fait
de la possession au moment de la litiscontestation. Et
en second lieu, l'utilité pratique à elle seule suffirait

pourjustifier cette solution. Que doit, en effet, constater le juge? Il doit examiner si le demandeur est propriétaire, et si le défendeur a la faculté de restituer la chose. Or, peu importe que celui-ci ait eu ou non la possession au moment de la litiscontestation, pourvu qu'au moment du jugement il ait la faculté de restituer.

Mais qu'arrivera-t-il si, ayant possédé au moment de la litiscontestation, il ne possède plus, par suite d'un dol à lui imputable, au moment du jugement ? Il devra évidemment être condamné ; car ici il ne saurait y avoir d'hésitation. En effet, le défendeur doit mettre le demandeur dans la même position que si justice lui eût été faite au moment de la litiscontestation ; or, puisqu'il possédait à ce moment, il aurait pu restituer ; il ne peut donc pas par son dol rendre cette restitution impossible.

La question pouvait présenter plus de difficulté pour celui qui avait cessé de posséder par dol antérieurement à la litiscontestation. Car on ne pouvait pas dire dans ce cas qu'il avait changé la position que le demandeur avait au moment de la litiscontestation. Il fallait donc donner d'autres motifs pour condamner le défendeur dont le dol était antérieur à la litiscontestation. « Celui, dit Paul (loi 27, p. 3. Paul. lib. XXI, *ad* « *Edict.*), qui, avant la litiscontestation, a cessé par « son dol de posséder la chose, est aussi tenu de l'ac- « tion réelle. C'est ce qu'on peut conclure d'un séna- « tus-consulte, qui, comme nous l'avons dit, porte que

« le dol passé est compris dans la pétition d'hérédité.
« En effet, puisque le dol antérieur entre dans la péti-
« tion d'hérédité, qui est aussi une action réelle, il
« n'est point absurde que, par voie de conséquence, ce
« dol antérieur soit également compris dans l'action
« réelle spéciale. »

Ce sénatus-consulte, auquel Paul fait ici allusion,
avait été rendu sous Adrien. Il décidait que ceux qui,
s'étant emparés de mauvaise foi de biens héréditaires
ne leur appartenant pas, auraient cessé par dol de les
posséder même avant la litiscontestation, seraient con-
damnés comme s'ils possédaient. Ce fut cette disposition qui fut étendue par les jurisconsultes à la revendication, à cause de l'analogie des principes qui régis-
sent l'action en pétition d'hérédité et la revendication.

Ainsi, celui qui par dol a cessé de posséder est
assimilé à celui qui possède, qu'il ait perdu la possession avant ou après la litiscontestation. Il n'en est pas
de même s'il y a eu simplement faute de la part de
celui qui a cessé de posséder. Sa faute ne lui est imputable que si elle est postérieure à la litiscontestation.

Paul, dans la loi 21 de notre titre (loi 21, Paul.
lib. XXI, *ad Edictum*), suppose que l'esclave revendiqué s'est enfui de chez le possesseur de bonne foi, et
il fait la distinction suivante : Si l'esclave avait bonne
réputation, s'il était tel en un mot qu'une surveillance
sévère n'était pas nécessaire, on ne pourra pas considérer sa fuite comme provenant de la faute du possesseur. Celui-ci devra donc être absous. Dans le cas,

au contraire, où l'esclave était connu pour avoir des dispositions à fuir, le possesseur devait le surveiller, et il est en faute s'il ne l'a pas fait ; il devra donc être condamné à en payer la valeur.

Gaïus, dans la loi 36 (loi 36, p. 1, Gaïus, lib. VII, *ad Edict. provinc.*), donne la même décision : « Celui, « dit-il, qui est poursuivi par une action réelle, est « condamné aussi à raison de sa faute. Le possesseur est « coupable de faute quand il a envoyé un esclave dans « des lieux dangereux, si l'esclave y a péri, et quand « il a permis que l'esclave revendiqué contre lui com- « battît dans l'arène et qu'il y a été tué ; et encore « lorsqu'il ne garde pas l'esclave revendiqué qui avait « l'habitude de s'enfuir, s'il a pris la fuite, et lorsqu'il « a mis en mer par un temps défavorable le navire « revendiqué, si ce navire a fait naufrage. » Cette décision est juste.

En effet, dès le moment de la litiscontestation, le défendeur contracte l'obligation de conserver soigneusement la chose ; il ne doit plus l'exposer ou la négliger comme peut faire un propriétaire qui ne s'est mis dans les liens d'aucune obligation, et comme il pouvait le faire lui-même avant l'instance engagée.

Toutefois, en cas de faute, le possesseur est traité moins sévèrement qu'en cas de dol. Ainsi, s'il paye l'estimation, il ne payera que la valeur de la chose, d'après l'appréciation faite par le juge, et non pas d'après le serment du demandeur. De plus, il pourra

demander au juge que l'adversaire lui cède son action
(loi 63, Papinien, lib. XII, *Questionum*).

⇒ Il peut se faire qu'une personne qui ne possède pas,
qui n'a pas même cessé de posséder par son dol ou par
sa faute, doive cependant être condamnée par le juge
de la revendication. Le cas se présente lorsqu'un individu s'est offert à la défense d'une chose sans motif,
attendu qu'il ne possédait pas et n'avait pas cessé de
posséder par dol; il ne doit pas, si le demandeur l'i-
gnore, être absous; c'est ce que dit Marcellus, et son
sentiment est vrai, ajoute Ulpien (loi 25, Ulpien,
lib. LXX, *ad Edictum*). Ce préten du possesseur doit, en
punition de son dol, être condamné à indemniser le demandeur qui estimera lui-même par serment le tort qui
lui a été causé. Mais il faut pour cela que la position
réelle du défendeur ne soit découverte qu'après la litiscontestation. Car celui qui, avant la litiscontestation,
nie qu'il possède, lorsque véritablement il ne possède
pas, ne trompe point le demandeur, et il ne paraît pas
s'être offert au procès, puisqu'il a cherché à l'éviter.

Il faut, de plus, que le demandeur, avec qui le défendeur a engagé le procès en se donnant comme possesseur, ait ignoré que celui-ci ne possédait réellement
pas. Car, dit Paul (loi 26, Paul, lib. II, *ad Plantium*),
si le demandeur sait que le défendeur ne possède pas,
il n'est pas trompé par un autre, mais il se trompe lui-
même, et en conséquence, le défendeur est absous.

Il est cependant un cas dont parle Paul, où celui
qui s'est offert à la revendication sera condamné sans

distinction, soit que le demandeur ait su, soit qu'il ait ignoré qu'il ne possédait pas (loi **27**, Paul, lib. XXI, *ad Edictum*). C'est le cas où au moment que je veux revendiquer contre celui que je regarde comme le possesseur de ma chose, un tiers se présente en prétendant que c'est lui-même qui possède. Si je prouve ce point par une déclaration écrite de témoins pendant les débats de l'affaire, le défendeur devra absolument être condamné.

La condamnation qui est encourue par celui qui s'est offert mal à propos comme possesseur est une indemnité pour le demandeur et une peine pour la manœuvre frauduleuse du défendeur. Mais cette condamnation ne libère pas le véritable possesseur, et n'empêche pas le propriétaire de revendiquer contre lui. En effet, dit Paul, « si celui qui s'est offert à la revendication d'un « fonds a été condamné, la revendication peut néan- « moins être valablement intentée contre le posses- « seur » (loi 7, Paul, lib. XI, *ad Edictum*).

Mais qu'arriverait-il si le propriétaire, au lieu d'actionner d'abord celui qui s'est offert faussement comme possesseur, a commencé par actionner le véritable possesseur, et si celui-ci avait restitué la chose ou en avait payé l'estimation ? Le propriétaire pourra-t-il ensuite faire condamner celui qui par dol s'est présenté comme possesseur ? Il ne le pourra pas. Et, en effet, le demandeur n'y a plus d'intérêt, puisqu'il a déjà obtenu la restitution de la chose ou le payement de sa valeur.

Il en est de même dans le cas où le possesseur a

cessé par dol de posséder. Si le demandeur actionne d'abord celui-ci, il pourra ensuite faire condamner le possesseur actuel ; mais s'il actionne d'abord le possesseur actuel et qu'il en obtienne la chose ou sa valeur, il ne pourra plus recourir contre celui qui a cessé par dol de posséder, parce qu'il n'y aura plus intérêt.

» Il nous reste à voir, pour terminer cette troisième partie, ce qui arrive lorsque le possesseur vient à mourir, soit avant, soit après la litiscontestation. Ses héritiers sont-ils tenus de l'action réelle, et à quel titre sont-ils tenus ?

Nous pouvons d'abord répondre que l'action réelle est donnée contre l'héritier du possesseur; mais dans le cas où le possesseur est mort avant la litiscontestation, l'héritier n'est pas tenu comme héritier du possesseur, il est tenu comme possesseur lui-même.

Supposons que le possesseur soit mort avant la litiscontestation. Dans ce cas, la revendication sera intentée contre celui des héritiers qui possède le fonds (loi 55, Julien, lib. LV *Digestorum*). Mais si le possesseur primitif avait cessé par dol de posséder avant son décès, ses héritiers seront-ils tenus de ce dol, comme le défunt l'aurait été lui-même ? Non, dit Julien (loi 52, Julien, lib. LV *Digestorum*), ses héritiers ne sont point tenus de défendre contre l'action réelle; mais on devra donner contre eux une action *in factum*, au moyen de laquelle ils seront contraints de restituer tout ce dont ils se sont enrichis à l'occasion de cette chose.

Lorsqu'au contraire le possesseur est mort après la

litiscontestation, l'héritier sera tenu de l'action, non plus comme possesseur, mais comme héritier; il sera également condamné, quand même il ne possède pas, si le défunt a commis quelque dol ou quelque faute (loi 42 Paul, lib. XXVI, *ad Edictum.*) Car il est tenu comme héritier des obligations que le défunt avait contractées par la litiscontestation; et s'il y a plusieurs héritiers, chacun sera tenu pour sa part héréditaire.

De plus, l'héritier du possesseur, contre qui l'instance est continuée, sera condamné pour son propre dol et sa propre faute. Si l'action réelle, dit Pomponius (loi 51 Pomponius, lib XVI, *ad Sabinum*), a été intentée et que l'instance soit donnée contre l'héritier du possesseur, la faute et le dol de cet héritier entreront aussi dans l'appréciation du juge.

IV. — Quels sont les différents résultats dont est susceptible la revendication?

Le procès se termine soit par l'absolution, soit par la condamnation du défendeur.

Le juge prononce l'absolution dans deux cas très-différents.

Si, d'après les preuves apportées par le demandeur, le juge n'est pas convaincu qu'il soit propriétaire, il absout le défendeur.

S'il reconnaît que le demandeur est propriétaire, il le déclare, et ordonne au défendeur de restituer la chose. Si cette restitution faite volontairement par le défendeur, sur l'ordre du juge et d'après son arbitrage, est estimée suffisante, le juge l'absout.

Mais il peut se faire que le défendeur refuse de restituer. Qu'arrivera-t-il dans ce cas? Le juge devra-t-il nécessairement le condamner, ou pourra-t-il le forcer à restituer?

Cette question est, encore aujourd'hui, vivement controversée entre les commentateurs. Les uns prétendent que, si le défendeur refuse de restituer, le juge peut lui faire enlever la chose et faire remettre le demandeur en possession, de force, *manu militari* (1). Le principal texte sur lequel ils s'appuient est la loi 68 de notre titre, tirée des fragments d'Ulpien sur l'Édit : « Lorsque, y est-il dit, celui qui a reçu l'ordre « de restituer n'obéit pas au juge, prétendant qu'il ne « peut pas restituer, s'il a la chose, le juge lui en fait « ôter la possession par la force militaire, et la con- « damnation n'a lieu que pour les fruits et pour tous « les accessoires » (loi 68, Ulpien, lib. LI, *ad Edictum*).

Quelques auteurs regardent ce texte comme altéré par une interpolation de Tribonien; ce qui le prouve, suivant eux, c'est précisément le taux élevé de la condamnation judiciaire qui mettait le défendeur à la discrétion du demandeur, puisque celui-ci estimait la chose ce qu'il voulait, sans autre restriction que celle du serment; or, disent-ils, s'il y avait eu un moyen direct de contrainte, on n'aurait pas songé à établir un moyen indirect aussi exorbitant.

(1) M. Pellat.

À cela on répond : 1° que ce texte d'Ulpien n'est pas le seul où il soit parlé de *manus militaris* ; on retrouve cette expression dans un autre passage d'Ulpien qui ne peut pas être soupçonné d'interpolation. C'est la loi 3, pr. D. *Ne vis fiat ei qui in possessionem missus erit.* « Si
« celui, dit la loi, que le magistrat a envoyé en posses-
« sion, pour la conservation d'un fidéi-commis qui lui
« a été laissé, n'est point admis à prendre possession,
« il doit être mis en possession par la puissance du
« magistrat qui a prononcé l'envoi, où, s'il préfère
« user d'un interdit, il est juste que l'interdit lui soit
« accordé. Mais il vaut mieux dire que le magistrat
« fera exécuter son décret en vertu du droit attaché à
« son pouvoir, quelquefois même en employant la force
« armée. »

2° Qu'il y a une raison plus forte encore de décider que le texte n'est pas interpolé. « Si, dit M. Pellat, en
« cas de refus de restituer de la part du défendeur qui
« a la chose en son pouvoir, Ulpien n'avait parlé que
« de condamnation à la somme fixée par le serment
« du demandeur, et que ce fût Tribonien qui eût in-
« troduit la translation de la possession *manu militari,*
« il n'aurait certainement pas dit qu'alors il n'y a plus
« condamnation que pour les fruits et accessoires, et
« qu'il y a par conséquent absolution quant à la chose
« principale. Mais, confondant le *jussus judicis* avec la
« condamnation qui suit le refus d'y obtempérer, il
« aurait dit que le juge condamne le défendeur tout à
« la fois à la chose et aux fruits. »

M. Demangeat (1), tout en admettant, à la vérité,
que le texte est bien d'Ulpien et qu'il n'a pas été interpolé, prétend que ce texte ne dit pas ce qu'on lui fait
dire. Selon lui, la règle posée par la loi 68 n'est pas
aussi générale qu'on voudrait le croire, et elle doit être
restreinte au cas spécialement prévu par le texte. Il
s'agit en effet d'un défendeur qui, à l'ordre de restituer
que lui adresse le juge, répond par un mensonge; qui
prétend qu'il ne possède pas, ce qui le mettrait dans
l'impossibilité de restituer, tandis qu'en réalité il possède. Si le juge reconnaît qu'il possède, alors, mais
dans ce cas-là seulement, le demandeur pourra être
envoyé en possession *manu militari*. Car, en alléguant,
mensongèrement il est vrai, qu'il n'est pas en son pouvoir de restituer, le défendeur déclare par là même implicitement qu'il restituerait s'il le pouvait, qu'il n'a
point la volonté de désobéir au juge; alors, la chose
étant trouvée en sa possession, le demandeur qui s'en
empare est censé la recevoir de lui.

Nous ne saurions admettre la distinction que fait
M. Demangeat. Nous ne pouvons, en effet, croire que
les jurisconsultes aient distingué entre le cas où le défendeur refuse formellement de restituer, et celui où il
use de fraude pour ne pas restituer. Loin de donner au
mensonge du défendeur l'explication que lui donne
M. Demangeat, nous y voyons un désir encore plus vif
de conserver la chose, une volonté encore plus formelle
de ne pas la restituer.

(1) *De la condition du fonds dotal en droit romain*, p. 121 et suiv.

Mais M. Demangeat apporte à la discussion un texte
d'Ulpien qui lui paraît mettre fin à toute difficulté, et
nous avouons que ce texte nous semble péremptoire :
« On peut poser, dit Ulpien (loi 3, p. 2. *D. de reb. eor.*),
« la question suivante : Si un fonds du pupille est
« revendiqué par le tuteur et qu'il ne soit point res-
« titué, la *litis æstimatio* offerte par le défendeur em-
« porte-t-elle aliénation ? Il vaut mieux dire qu'elle
« emporte aliénation : en effet, ce n'est point là une
« aliénation qui ait lieu par la volonté des tuteurs. »
S'appuyant sur ce texte, M. Demangeat raisonne ainsi :
Voilà un fonds rural ou suburbain qui appartient à un
pupille et qui est possédé par un tiers : le tuteur revendique et démontre que le fonds appartient au pupille ;
de deux choses l'une, ou le possesseur, sur l'ordre du
juge, restituera le fonds ; ou bien, ce qui est l'espèce
prévue par notre texte, il refusera de restituer, préfé-
rant être condamné à la somme fixée par le tuteur, et
alors le fonds sera valablement aliéné. Pourquoi cette
aliénation sera-t-elle valable, malgré l'*oratio Severi* ?
C'est que, le jurisconsulte lui-même le dit, l'aliénation
n'est pas volontaire de la part du tuteur : « Je le de-
« mande, dit M. Demangeat, cette décision d'Ulpien
« serait-elle intelligible si la règle générale était qu'en
« face de la *contumacia* du défendeur, le demandeur a
« le choix ou de se faire rendre la possession *manu*
« *militari* ou d'obtenir condamnation à la somme qu'il
« fixe lui-même sous la foi du serment ? Peut-on conce-
« voir que la faculté de mettre en mouvement la force

« publique appartienne en général à tout revendiquant,
« et qu'elle disparaisse quant il s'agit de conserver à
« un pupille son immeuble ? »

Nous l'avouons sans hésiter, cette argumentation nous paraît sans réplique.

Lorsque le possesseur a cessé de posséder avant le jugement, sans qu'on puisse lui reprocher ni dol ni faute, le juge doit encore prononcer l'absolution.

Quand donc y a-t-il lieu à condamnation du défendeur ?

Cette condamnation est prononcée en premier lieu quand la restitution est incomplète ; dans ce cas, elle a lieu pour indemniser le demandeur de ce qui manque à la restitution.

Il y a encore lieu à condamnation, lorsque la restitution est devenue impossible par suite du dol ou de la faute du défendeur. Lorsque le défaut de restitution résulte du dol du défendeur, celui-ci est condamné à payer les dommages-intérêts fixés par le serment du demandeur, avec ou sans maximum fixé par le juge. Que si le défaut de restitution provient seulement de la faute du défendeur, il est condamné à la juste valeur de la chose, telle que le juge l'estime lui-même.

Nous rencontrons même une hypothèse dans laquelle le défendeur doit être condamné, bien qu'il ait cessé de posséder sans qu'il y eût ni dol ni faute : « Si, dit
« Ulpien (loi 15, p. 3, Ulpianus, lib. XVI *ad Edictum*),
« l'esclave ou l'animal revendiqué est mort sans dol ni
« faute du possesseur, la plupart des auteurs pensent

« que le prix ne doit pas être restitué. Mais il est plus
« vrai de dire que, si le demandeur était dans l'inten-
« tion de le vendre au cas qu'il l'eût recouvré, ayant
« ainsi souffert de la demeure du défendeur, celui-ci
« doit lui payer le prix ; car s'il eût restitué la chose,
« le demandeur l'aurait vendue et aurait profité du
« prix. » Voici ce que signifie ce texte d'Ulpien. Il
suppose que le défendeur est en demeure. Dans ce cas,
il est responsable si l'événement qui a fait périr la
chose ne l'eût pas frappé chez le demandeur, ou eût
été prévenu par la vente que celui-ci aurait très-pro-
bablement faite. Sa responsabilité cesse si la chose eût
dû périr également chez le demandeur.

Quand, au contraire, le défendeur n'est pas en demeure, il n'est point responsable : c'est le cas du possesseur de bonne foi qui avait juste sujet de croire que
la chose était à lui et qui a pu ainsi résister à la demande sans que la litiscontestation l'ait constitué en
demeure.

V. — Quelles choses doit comprendre la resti-
tution ou la condamnation pour défaut
de restitution ?

Il ne suffit pas pour le défendeur à la revendication
de restituer la chose elle-même. Bien souvent, en effet,
cette restitution serait insuffisante ; elle ne désintéres-
serait qu'imparfaitement le demandeur. Si, par exemple,

la chose a été détériorée par le défendeur, il est juste que le demandeur soit indemnisé de cette détérioration de sa chose. Si donc le défendeur veut être complétement absous, il doit, outre la restitution de la chose, indemniser le demandeur du dommage qui résulte pour lui de la détérioration de la chose, objet de la revendication. Sinon, et quand bien même il restituerait la chose, le défendeur sera condamné à une somme égale au dommage éprouvé par le demandeur.

Si le demandeur avait joui paisiblement de sa chose, il en aurait perçu les fruits; or, ces fruits, il ne les a pas perçus tant qu'un autre a été en possession de sa chose. Il est donc encore de toute justice que les fruits de la chose soient restitués avec la chose elle-même. Mais à côté de cette règle, toute équitable qu'elle soit, s'en place une autre également juste, en vertu de laquelle le possesseur de mauvaise foi doit être traité plus rigoureusement que le possesseur de bonne foi; il est évident qu'ils ne peuvent pas être placés tous deux sur la même ligne.

Nous allons examiner en détail chacun de ces différents points.

Occupons-nous d'abord du cas où la chose, objet de la revendication, a été détériorée par le fait du possesseur.

« Non-seulement, dit Ulpien (loi 13 Ulpianus, lib. XVI, « *ad Edictum*), le juge doit ordonner la restitution, « mais il doit encore, si la chose est détériorée, en « tenir compte. Supposez, en effet, que l'esclave qu'on

« restitue ait été estropié, battu de verges ou blessé,
« le juge doit assurément tenir compte de la détério-
« ration éprouvée, quoique le possesseur puisse d'ail-
« leurs être poursuivi par l'action de la loi Aquilia. De
« là naît la question de savoir si le juge ne doit esti-
« mer le dommage qu'autant qu'il sera fait remise de
« l'action de la loi Aquilia. Labéon pense que le de-
« mandeur doit donner caution qu'il n'agira pas en
« vertu de la loi Aquilia, et ce sentiment est juste. »

Ainsi, le propriétaire a le choix entre deux moyens
pour se faire indemniser du dommage qu'il éprouve
par suite de la détérioration de son esclave. Ou bien il
peut demander au juge de la revendication qu'il fasse
payer au défendeur une indemnité, ou bien il peut renoncer à ce moyen et recourir contre le défendeur par
l'action de la loi Aquilia. Mais il ne peut pas cumuler
ces deux actions. S'il exige que le défendeur soit condamné à lui payer une indemnité, il doit donner caution de ne pas agir en vertu de la loi Aquilia. « Que si
« le demandeur préfère employer l'action de la loi
« Aquilia, le défendeur doit être absous. Ainsi le choix
« doit être accordé au demandeur, de manière qu'il
« obtienne non le triple, mais le double (loi 14, Paul,
« lib. XXI, *ad Edictum*). » L'avantage que le demandeur retirera de l'exercice de l'action de la loi Aquilia,
consiste en ce que le montant de l'indemnité qu'il ob-
tiendra par cette action se calcule eu égard à la plus
haute valeur que l'esclave avait dans les trente jours
qui ont précédé sa blessure, et que d'ailleurs ce mon-

tant est doublé si le délinquant nie qu'il soit coupable.

Outre cette action de la loi Aquilia, « si le défendeur « a livré l'esclave après l'avoir battu de verges, l'action « d'injures compète aussi au demandeur (loi 15, Ul- « pien, lib. XXVI, *ad Edictum*). » Cette dernière action est accordée contre le défendeur, si, en frappant l'es- clave de manière à le blesser ou à l'estropier, il a eu intention de l'insulter ou d'insulter son maître. C'est une action purement pénale ; et l'exercice de l'action en re- vendication relativement à l'indemnité qui résulte du dommage, n'empêche pas le demandeur d'exercer l'ac- tion d'injures, à la différence de l'action de la loi Aquilia.

Pour que le demandeur puisse exiger une indemnité pour dommage causé à la chose, il faut qu'il y ait eu réellement un dommage à lui causé. Ainsi (loi **27**, p. **2**, Paul., lib. XXI, *ad Edictum*), « si l'esclave revendiqué « s'est détérioré par le dol du possesseur, et qu'ensuite, « sans la faute de celui-ci, il soit mort par une autre « cause, on ne fera pas l'estimation de la détérioration « arrivée par le fait du défendeur, parce que le deman- « deur n'a plus d'intérêt. Mais ceci ne s'applique qu'à l'ac- « tion réelle ; quant à l'action de la loi Aquilia, elle sub- « siste. » Dans cette hypothèse prévue par Paul, le de- mandeur, par suite du dol du défendeur qui avait blessé l'esclave, avait le choix entre une augmentation dans la condamnation et l'exercice de l'action de la loi Aquilia. L'esclave étant venu à mourir pour une autre cause, sans dol ni faute de la part du défendeur, celui- ci sera absous ; mais l'exercice de l'action de la loi

Aquilia subsiste toujours au profit du demandeur.

Pourquoi cette différence ? C'est que dans la revendication, il faut que le demandeur, pour obtenir la condamnation du défendeur, ait intérêt non-seulement au moment de la litiscontestation, mais encore au moment du jugement. Or, ici, le demandeur n'a plus d'intérêt ; la chose n'existe plus, et aucun dol, aucune faute ne peuvent être reprochés au défendeur. Au contraire, pour l'exercice de l'action de la loi Aquilia, on ne considère pas si le demandeur a perdu ou non son intérêt ; l'action ayant surtout pour but d'amener la punition du délinquant, celui-ci doit, dans tous les cas, être condamné, bien que l'esclave soit mort depuis le délit qui a donné ouverture à l'action de la loi Aquilia.

De tout ce que nous venons de dire, il résulte que le juge doit, dans la condamnation, tenir compte de la détérioration qu'a subie la chose par le fait du défendeur.

Mais ce n'est pas tout ; les fruits de la chose doivent également être restitués, et s'ils ne sont pas restitués, le juge doit les comprendre dans la condamnation.

Nous aurons à examiner à ce sujet la situation respective du possesseur de bonne foi et du possesseur de mauvaise foi, quels sont les fruits qui entrent dans la restitution ; nous verrons enfin que, dans certains cas, les fruits seuls sont restitués ou font seuls l'objet de la condamnation.

Avant le sénatus-consulte Jouvenclen, le possesseur

de mauvaise foi devait restituer au propriétaire non-seulement les fruits perçus depuis la litiscontestation, mais encore ceux qu'il avait perçus avant la litiscontestation ; il les avait perçus de mauvaise foi, il devait les rendre. Mais quant aux fruits que, antérieurement à la litiscontestation, le possesseur de mauvaise foi avait négligé de percevoir, on admettait qu'il n'était point tenu d'en restituer la valeur ; il n'était pas astreint, disait-on, à être soigneux et diligent, puisqu'il n'était pas à ce moment dans un rapport d'obligation avec le propriétaire, comme il s'y trouvait placé après la litiscontestation. Le sénatus - consulte Jouvencien changea cet état de choses. Par suite de ce sénatus-consulte, le possesseur de mauvaise foi, dans la pétition d'hérédité, répondit de son dol passé et même de sa faute ; ce qui amena les jurisconsultes à décider qu'il devait payer la valeur des fruits qu'il avait négligé de percevoir. Et plus tard, cette règle fut étendue de la pétition d'hérédité à la revendication.

Ainsi, dans le dernier état du droit, le possesseur de mauvaise foi est tenu de restituer non-seulement les fruits qu'il a perçus, soit avant, soit après la litis-contestation, mais encore ceux qu'il a négligé de percevoir même antérieurement à la litiscontestation. Papinien, dans la loi 62 (loi 62, pr. Papinianus, lib. VI *Quæstionum*), confirme expressément ce dernier point. Il suppose qu'un navire était revendiqué contre un possesseur de mauvaise foi. Celui-ci a négligé d'en retirer un fret ou nolis, soit en frétant ce navire, soit en se chargeant de transporter des marchandises; il doit compte au propriétaire revendiquant du fret qui aurait pu ainsi être perçu. Il en est à cet égard d'un vaisseau comme d'une boutique, comme d'un emplacement qu'on a l'habitude de louer.

Mais ici, Papinien prévoit une objection. Ce que je viens de dire, ajoute-t-il, n'est point contraire à cette décision que le possesseur de mauvaise foi d'une hérédité n'est point forcé de payer les intérêts d'une somme restée en dépôt, à laquelle il n'a pas touché. En effet, malgré l'analogie qui existe entre le fret du navire et l'intérêt de la somme restée en dépôt, puisque ni l'un ni l'autre ne sont des fruits naturels, mais que tous deux sont perçus en vertu d'un contrat, il existe cependant une différence notable entre ces deux modes de se procurer un revenu. Le possesseur du navire pouvait le fréter sans courir de risques, pourvu qu'il le fît dans un temps convenable à la navigation; on peut donc lui imputer à faute de ne l'avoir pas fait. Mais le possesseur de l'hérédité eût supporté les risques de la perte de l'argent prêté; on ne peut donc pas prétendre qu'il est en faute de ne pas l'avoir placé à intérêt.

Mais dans quel sens faut-il entendre ces fruits que le possesseur de mauvaise foi a négligé de percevoir? Doit-on entendre par là les fruits que le possesseur aurait pu lui-même percevoir, ou ceux que le demandeur aurait perçus si la possession de la chose lui eût été restituée?

Voici comment Papinien répond à cette question :

« En général, dit-il (loi 62, p. 1, *Papinianus*, lib. VI,
« *Quæstionum*), lorsqu'il s'agit d'estimer les fruits, il
« est constant qu'il faut considérer non pas si le pos-
« sesseur de mauvaise foi a joui, mais si le demandeur
« aurait pu jouir, dans le cas où il lui eût été permis
« de posséder. Ce sentiment est aussi approuvé par
« Julien. » Ainsi, d'après Papinien et Julien, le possesseur de mauvaise foi est responsable des fruits qu'il a
négligé de percevoir, et que le demandeur aurait
perçus si la possession de la chose lui eût été restituée.

Mais tous les textes ne sont pas d'accord sur ce
point. On en trouve à peu près autant en faveur de
chacune des deux opinions. Ce n'est donc pas dans les
textes qu'il nous faut chercher une solution.

Celle qui nous paraît la plus probable est celle proposée par M. de Savigny (System. t. VI, p. 114).
D'après M. de Savigny, tout revient à la question de
savoir s'il y a eu faute de la part du possesseur. On
comparera la conduite qu'a tenue le possesseur de
mauvaise foi et celle qu'on aurait pu attendre, en cas
pareil, d'un bon père de famille. Si les textes parlent
tantôt des fruits que le demandeur aurait pu percevoir,
tantôt de ceux que le défendeur pouvait ou devait percevoir, ces deux expressions doivent être prises dans
le même sens, comme désignant ce qu'un bon père de
famille eût réellement perçu.

Toutefois, il peut se présenter des cas où il est certain que le demandeur seul eût pu percevoir certains

fruits. Dans ces cas, il nous semble juste que le possesseur de mauvaise foi, qui est en demeure de restituer, doive indemniser le demandeur de tous les avantages qu'il aurait pu recueillir si justice lui eût été rendue sur-le-champ ; le juge devra donc estimer la valeur des fruits que le demandeur dans ce cas eût pu percevoir, lors même que le défendeur n'aurait pas été en position de les percevoir (1).

Quelle est, à l'égard des fruits, la position du possesseur de bonne foi? Avant la litiscontestation, le possesseur de bonne foi n'est soumis à aucune obligation vis-à-vis du demandeur. Par conséquent, tous les fruits qu'il perçoit, il les fait siens, et si plus tard le juge déclare qu'il n'était pas propriétaire, il ne sera pas tenu de les restituer. Quant aux fruits qu'il a négligé de percevoir avant la litiscontestation, il ne saurait évidemment en être tenu ; il a négligé la chose qu'il croyait sienne, personne ne peut le lui reprocher.

C'est en ce dernier sens que nous expliquerons le texte de Labéon (loi 78, Labéon, lib. IV. *Pithanon à Paulo epitomatorum*), qui commence la loi 78 : « Si, « dit-il, vous n'avez pas recueilli les fruits d'un fonds « appartenant à autrui que vous possédiez, vous n'êtes « obligé à rien donner à titre de fruits de ce fonds. » Ce texte nous paraît se rapporter au possesseur de bonne foi, puisque le possesseur de mauvaise foi, au contraire, est tenu même des fruits qu'il n'a pas recueillis.

(1) Voir M. Pellat, p. 350.

Mais, à partir de la litiscontestation, la situation du possesseur de bonne foi change. S'il est vrai de dire qu'il ne doit pas être complétement assimilé dès lors à un possesseur de mauvaise foi, il doit, cependant, bien qu'il soit persuadé de la justice de son droit, prévoir la possibilité de la perte de son procès, et se montrer en conséquence soigneux d'une chose dont un autre peut être reconnu propriétaire. Aussi est-il tenu de restituer non-seulement les fruits qu'il a perçus depuis la litiscontestation, mais encore ceux qu'il a négligé de percevoir depuis ce moment.

Nous venons de voir que les fruits doivent être restitués comme la chose elle-même, et que le possesseur de bonne foi est, à bon droit, traité plus favorablement que le possesseur de mauvaise foi. Mais que faut-il entendre par fruits? c'est ce qu'il nous faut maintenant examiner.

Il est certain que le mot *fruits* doit être entendu ici dans son sens le plus large.

Ainsi, généralement, lorsqu'on parle de fruits, on n'entend pas par là l'avantage qu'on retire d'une chose dont on n'a que l'usage et non l'usufruit. Ici, au contraire, ces fruits improprement dits sont compris dans la restitution.

« Quand une action réelle est intentée, dit Papinien
« (loi 64, Papinien, lib. XX *Quæstionum*), il est certain
« qu'il y a lieu à restitution de fruits même à l'égard
« des choses qu'on a pour l'usage et non pour les
« fruits. »

Ce texte qui pourrait sembler, au premier abord, contradictoire dans ses termes, signifie que le possesseur doit restituer les fruits même des choses dont on ne retire pas des fruits habituellement, dont on se sert soi-même, qu'on ne loue pas pour en percevoir un loyer : tels sont des vases, des vêtements. Il est juste, en effet, d'indemniser sur ce point le demandeur qui a été privé par le fait du défendeur de l'usage de sa chose. D'après quelles bases estimera-t-on cette indemnité ? Gaïus, dans un autre endroit du Digeste (loi 19, *de usuris et fructibus*), déclare qu'il faut compter comme fruit le loyer qu'on aurait pu percevoir de la chose en la louant.

On compte aussi comme fruit la faculté qu'aurait eue le demandeur d'emprunter de l'argent sur la chose qu'il aurait mise en gage, s'il l'eût reçue dès qu'il l'a réclamée (loi 72, *de regimine juris*).

Dans le § 1er de la loi 17, il est question encore de certains produits de la chose qui ne sont pas généralement réputés fruits, et qui entrent cependant dans la restitution de la chose : « Julien, y est-il dit (loi 17, « p. 1. Ulpien, lib. XVI *ad Edictum*), écrit au même « livre : Si le possesseur a été en demeure de restituer « un esclave, et que l'esclave soit mort, il faut aussi « tenir compte des fruits jusqu'au temps du jugement. « Le même jurisconsulte dit qu'il faut restituer non- « seulement les fruits, mais encore tout accessoire ; « et qu'ainsi et le part et les fruits du part sont com- « pris dans la restitution. Tous les avantages acces-

« soires y sont tellement compris, que Julien écrit, au
« livre VII, que, si le possesseur a acquis par cet
« esclave l'action de la loi Aquilia, il doit être contraint
« à la restituer. Que si le possesseur lui-même a cessé
« par dol de posséder, et qu'un autre ait tué l'esclave
« injustement, il sera forcé de rendre ou le prix de
« l'esclave ou ses actions, au choix du demandeur.
« Il faut aussi qu'il restitue les fruits qu'il a reçus d'un
« autre possesseur. Il ne doit, en effet, tirer aucun
« profit d'un esclave qui est déjà l'objet d'un procès.
« Mais il ne doit pas restituer les fruits du temps où
« l'esclave a été possédé par celui qui l'en a évincé.
« Ce que Julien dit de l'action de la loi Aquilia a lieu
« si le possesseur a usucapé l'esclave depuis la litis-
« contestation, parce qu'alors il commence à avoir un
« plein droit sur lui. »

Ainsi, le possesseur doit restituer non-seulement les
fruits proprement dits de l'esclave, c'est-à-dire le
salaire qu'il a retiré de son travail, mais encore tous
les produits qui d'ordinaire ne sont pas considérés
comme fruits, tels que le part, et les fruits que cet
enfant a pu produire par son travail.

Cette règle va si loin que les actions elles-mêmes
que le possesseur peut avoir acquises par l'esclave sont
comprises dans ces dépendances de la chose et doivent
être restituées. Le jurisconsulte cite l'action de la loi
Aquilia, en ayant soin d'ajouter qu'il faut supposer que
l'usucapion s'est accomplie au profit du possesseur

entre la litiscontestation et le jugement ; l'action de la loi Aquilia n'appartient, en effet, qu'au propriétaire.

Le jurisconsulte suppose ensuite qu'après avoir usucapé l'esclave, le défendeur a cessé par dol de le posséder, et que cet esclave a été tué injustement. Il ne suffira pas au défendeur de céder au demandeur l'action de la loi Aquilia. Comme c'est par son dol qu'il a cessé de posséder, il est responsable de la valeur de l'esclave ; le demandeur aura donc le droit d'exiger ce qu'il jugera plus avantageux, ou le payement de l'estimation, ou la cession de l'action.

Enfin, si le défendeur, ayant perdu la possession de l'esclave, a poursuivi le nouveau possesseur, et a reçu de ce possesseur, outre l'esclave, les fruits que l'esclave a produits, il devra restituer ces fruits au demandeur, parce que, dit le jurisconsulte, il ne doit tirer aucun profit d'un esclave qui est déjà l'objet d'un procès.

Parmi les choses qui doivent être restituées avec l'esclave, Gaïus (loi 20, Gaïus, lib. VII, *ad Edict. provinc.*), comprend aussi les hérédités et les legs qui sont advenus au défendeur par cet esclave. « Car, dit-il, il « ne suffit pas qu'il restitue le corps même de la chose, « il faut qu'il restitue aussi tout ce qui en dépend, « c'est-à-dire, il faut que le demandeur ait tout ce « qu'il aurait eu, si l'esclave lui eût été restitué au « moment où l'instance s'engageait. » La règle posée par Gaïus reçoit exception au cas où le testateur aurait laissé l'hérédité ou le legs à l'esclave en vue du possesseur, par considération pour sa personne ; car alors celui-ci en conserverait le profit comme provenant de sa propre chose.

Malgré le sens large accordé au mot *fruits* dans tous les textes qui précèdent, il est cependant certains produits de la chose qui n'y rentrent pas.

Ainsi, Paul suppose (loi **31**, Paul, lib. **XXI**, *ad Edictum*) qu'un possesseur a appris un art quelconque à un esclave impubère, qui est ensuite revendiqué contre lui. Il est certain que, malgré sa jeunesse, cet esclave, par son art, a pu rapporter à son maître quelques produits.

Malgré cela, comme le possesseur a dû faire des dépenses pour apprendre cet art à l'esclave impubère, le jurisconsulte décide que ces sortes de produits ne doivent pas être restitués : « Le demandeur, dit-il, « agirait contre la probité en exigeant qu'on fît l'esti- « mation des fruits qui ont pu être retirés du talent « acquis par cet esclave dans un art qu'il a appris aux « frais du possesseur. »

Il ne faut pas comprendre non plus, parmi les fruits restituables, les produits de la chasse, à moins que le droit de chasse ne constitue le revenu du fonds (loi **36**, D. *de usuris*).

Nous arrivons à nous demander jusqu'à quelle époque le défendeur doit compte des fruits.

Si la chose existe encore au moment du jugement, le possesseur doit compte des fruits jusqu'au moment du jugement, et non-seulement des fruits qui ont été perçus, mais encore de ceux qui ont pu être perçus honnêtement (loi **33**, Paul, lib. **XXI**, *ad Edict.*).

Mais si la chose revendiquée a péri, après la litiscontestation mais avant le jugement, il faut distinguer :

Si la chose a péri par le dol ou la faute du possesseur, ou après qu'il est considéré comme en demeure,
le défendeur, étant responsable de cette perte et astreint à payer la valeur de la chose comme si elle existait, devra compte de tous les fruits qu'elle aurait pu
produire jusqu'au jour du jugement. « Si, dit Paul dans
« le même texte, la chose demandée a péri par le dol
« ou la faute du possesseur, il faut tenir compte des
« fruits pour tout le temps pendant lequel on en tien-
« drait compte si la chose n'eût pas péri, c'est-à-dire
« jusqu'au temps du jugement. »

Si la chose a péri sans qu'il y ait rien à imputer au
possesseur, comme il n'est pas tenu de payer la valeur
de la chose, il n'est pas non plus tenu de payer
l'estimation des fruits qu'elle eût pu produire si elle
eût continué d'exister ; il restitue seulement les fruits
qu'il en a perçus ou dû percevoir pendant son existence.

Mais à quel moment le possesseur est-il considéré
comme en demeure ?

D'après l'opinion qui nous semble la plus probable,
le possesseur de mauvaise foi est en demeure de restituer au moins à partir de la litiscontestation ; le possesseur de bonne foi n'est pas nécessairement mis en
demeure par la litiscontestation, parce qu'il a pu avoir
de justes motifs de se croire propriétaire ; il n'est en demeure qu'autant qu'il a dû, sur le simple exposé de la demande, reconnaître qu'il se faisait illusion sur son droit.

Cependant, tous les interprètes ne sont pas d'accord sur ce point.

Ainsi, M. de Savigny ne considère le possesseur de bonne foi comme en demeure qu'au moment où, ayant reçu du juge, qui a reconnu le droit du demandeur, l'ordre de restituer, il tarde à exécuter cet ordre. Mais il nous semble beaucoup plus juste d'admettre que le possesseur peut être constitué en mauvaise foi et mis en demeure par tout autre événement que la *pronuntiatio* du juge. Il peut parfaitement se faire qu'un événement antérieur à cette *pronuntiatio*, une explication entre les parties lors de la litiscontestation, une production de pièces, ne lui aient laissé aucune illusion sur son défaut de droit.

Quoi qu'il en soit, si le possesseur a été en demeure de restituer un esclave, et que l'esclave soit mort, il faudra tenir compte des fruits jusqu'au temps du jugement (loi 17, p. 1. Ulpien, lib. XVI *ad Edictum*).

Que si, au contraire, dit Labéon, l'esclave est mort sans que le possesseur ait été en demeure de le restituer, il faudra estimer les fruits seulement jusqu'au moment où il a cessé de vivre (loi 79, Labéon, lib. VI. *Pithanon à Paulo epitomatorum*).

Paul apporte une restriction fort équitable à cette règle posée par Labéon. « Ce que dit Labéon, dit-il,
« n'est vrai qu'autant que cet esclave n'est pas tombé
« auparavant dans une maladie qui ait rendu ses ser-
« vices inutiles; car, alors même qu'il aurait vécu dans
« cet état de maladie, il ne conviendrait pas de faire

« une estimation de fruits pour ce temps-là. » En effet, on ne saurait imputer au possesseur de n'avoir point exigé des services que la maladie rendait impossibles.

Nous avons vu tout ce que le possesseur devait restituer au demandeur, lorsque le droit de celui-ci était reconnu par le juge ; nous avons dit que le possesseur devait non-seulement restituer la chose elle-même, mais encore tenir compte au demandeur des détériorations que sa chose avait subies et lui restituer certains fruits. Il faut, en résumé, que le propriétaire n'éprouve aucun préjudice de la privation plus ou moins prolongée de sa chose ; ceci est de toute justice.

=Mais il serait injuste que le demandeur s'enrichît outre mesure aux dépens du défendeur, surtout si nous supposons la bonne foi chez celui-ci. Si ce dernier a fait des dépenses au sujet de la chose, s'il l'a améliorée, l'équité demande que le propriétaire lui en tienne compte. Il y a donc des choses que le demandeur doit rendre au possesseur ou pour lesquelles il doit l'indemniser, sous peine d'encourir la déchéance de sa revendication.

Nous allons parcourir les différentes hypothèses qui peuvent se présenter.

Papinien, dans la loi 65 (loi 65, Papinien, lib. II, *Responsorum*), suppose qu'un propriétaire revendique son fonds contre un possesseur de bonne foi. Le juge reconnaît le droit du demandeur. Mais le fonds était hypothéqué à un tiers qui avait prêté au propriétaire une somme d'argent avec stipulation d'intérêts. Ce tiers a, antérieurement à la revendication, intenté l'action hypothécaire contre le possesseur qui, pour conserver le fonds, a payé le montant de la dette hypothécaire, capital et intérêts. Le jurisconsulte décide que le possesseur actionné en revendication « devra, en opposant l'exception de dol, n'être forcé de restituer le fonds au propriétaire, qu'après avoir été remboursé de la somme payée par lui au créancier à qui celui-ci avait hypothéqué le fonds, avec le surplus des intérêts du temps intermédiaire, en supposant que le montant des fruits perçus avant le procès soit moindre ; car, dit Papinien, il est équitable que ces fruits soient compensés avec les intérêts nouveaux seulement, à l'exemple des dépenses faites sur le fonds. »

Ainsi le propriétaire devra non-seulement rembourser le capital et les intérêts payés au créancier par le possesseur, mais encore les intérêts qui ont couru depuis le payement que ce dernier a fait au créancier hypothécaire jusqu'au remboursement que lui fera le propriétaire ; car ces intérêts seraient dus au créancier si le possesseur n'eût pas payé la dette. C'est là ce que le jurisconsulte appelle les intérêts nouveaux.

Ces intérêts nouveaux seront calculés non pas sur le total de la somme déboursée par le possesseur, c'est-à-dire sur le capital et les intérêts, qu'il a payés au créancier, mais seulement sur le capital. En effet, il faut reconnaître que le possesseur a entendu gérer, non pas l'affaire d'autrui, mais sa propre affaire, puisqu'il payait pour conserver le fonds.

Il est donc juste de ne faire porter ces nouveaux intérêts que sur le capital, comme aurait fait le créancier lui-même.

Le jurisconsulte ajoute que le propriétaire ne devra payer les intérêts nouveaux que compensation faite de la valeur des fruits que le possesseur a perçus avant le procès, en sorte que si le montant de ces fruits est égal à celui des intérêts, il n'y aura rien à payer, et que, si ce montant est inférieur, il n'y aura à payer que le surplus des intérêts.

Mais pourquoi cette compensation ne s'opère-t-elle qu'avec les fruits perçus par le possesseur avant le procès, et non pas avec ceux qu'il a perçus depuis la litiscontestation? Il semble au premier abord qu'il y a là une injustice. En effet le possesseur faisant siens les fruits perçus avant le procès et n'étant point tenu de les restituer, on va diminuer ses profits en compensant ces fruits avec les intérêts qu'il réclame du demandeur; c'est autant de moins que celui-ci aura à payer. Au contraire, pour les fruits perçus depuis la litiscontestation, le possesseur doit les restituer ; il lui est fort indifférent de recevoir le montant intégral des intérêts nouveaux en restituant le montant intégral de ces fruits, ou de recevoir seulement l'excédant de la somme des intérêts sur celle des fruits. Le demandeur supporterait seul, dans ce cas, la totalité des intérêts ; tandis qu'en suivant le système adopté par Papinien, le possesseur verra diminuer ses profits même les plus légitimes.

Comment donc expliquer cette compensation des

intérêts nouveaux avec les fruits perçus avant le procès ? « C'est que, dit M. Pellat, cette réclamation « d'intérêts de la part du possesseur de bonne foi, pour « son déboursé, étant fondée sur un motif d'équité, « peut être écartée par une considération d'équité en « sens contraire. Or, n'est-il pas équitable qu'il com- « pense la jouissance qu'il a eue du fonds d'autrui avec « la privation de jouissance de son propre capital ? »

Le même jurisconsulte, dans une autre hypothèse, donne une décision analogue, dictée par les mêmes principes (loi 48, Papinianus, lib. II *Responsorum*). « Les « dépenses, dit-il, faites par un possesseur de bonne « foi sur un fonds qui a été reconnu appartenir à autrui, « ne peuvent être demandées ni à celui qui a donné « le fonds, ni au propriétaire ; mais en opposant l'ex- « ception de dol, on les conserve, en vertu de l'office « du juge, par une raison d'équité, en supposant que « ces dépenses excèdent la somme des fruits perçus « avant la litiscontestation ; car, compensation faite, « le maître est forcé de restituer le surplus des dépenses « qui ont amélioré le fonds. »

L'hypothèse est celle-ci : Un individu a reçu par donation un fonds qu'il croyait appartenir au dona- teur, et y a fait des dépenses utiles. Plus tard, le véri- table propriétaire se fait connaître et revendique le fonds. Papinien décide que le possesseur n'a pas d'ac- tion contre le donateur ni pour l'éviction du fonds lui- même, ni pour le remboursement des impenses, en supposant, bien entendu, qu'il n'y ait pas dol de la part du donateur. Le possesseur n'a pas non plus d'action contre le propriétaire revendiquant ; il n'a pas entendu faire l'affaire du propriétaire, mais bien la sienne propre, puisqu'il se croyait lui-même propriétaire.

Mais, comme il n'est pas juste que le demandeur profite de ces dépenses, le possesseur pourra opposer à la revendication l'exception de dol, si le propriétaire refuse de lui en tenir compte ; à la condition, bien entendu, qu'il en sera résulté pour le fonds une plus-value.

Ces dépenses ne seront remboursées au possesseur, qu'autant qu'il n'en serait pas dédommagé par les fruits qu'il a perçus avant la litiscontestation : la somme dépensée, réduite au montant de la plus-value du fonds, sera balancée avec l'estimation de ces fruits, et l'excédant si, compensation faite, il y en a, sera payé par le propriétaire au possesseur.

C'est la même raison d'équité que nous avons signalée plus haut, qui fait que cette compensation s'opère avec les fruits perçus avant la litiscontestation plutôt qu'avec les fruits perçus depuis.

Le principe général qui veut qu'il soit tenu compte au possesseur des impenses faites à l'occasion de la chose se retrouve dans un texte de Paul (loi 27, p. 6, Paul, lib. XXI *ad Edictum*), qui cite plusieurs exemples : « Si, dit-il, le possesseur a fait sur la chose reven-
« diquée des dépenses avant la litiscontestation, il s'en
« fera tenir compte au moyen de l'exception de dol, si
« le demandeur persiste à revendiquer sa chose sans

« rembourser ces dépenses. » Voilà le principe ; passons aux applications que Paul en fait.

Il suppose d'abord que le possesseur d'un esclave a été attaqué par une action noxale pour un délit commis par cet esclave ; il a été condamné et plutôt que d'abandonner l'esclave, il a payé le montant de la condamnation. Plus tard, il est actionné par le propriétaire de l'esclave ; celui-ci étant reconnu propriétaire, devra rembourser la somme que le possesseur a payée par suite de la condamnation noxale. Rien de plus juste, puisque c'est le possesseur qui, en payant le montant de la condamnation, a conservé l'esclave au propriétaire. Si donc le propriétaire refuse de rembourser le possesseur, celui-ci pourra, soit retenir une partie des fruits qu'il a perçus par l'esclave depuis la litiscontestation, soit retenir l'esclave lui-même.

Autre hypothèse. Un individu a bâti une maison sur un terrain qu'il croyait lui appartenir, mais qui, en réalité, appartenait à un autre. Par suite de la règle que l'édifice n'est que l'accessoire du sol, le propriétaire du terrain pourra revendiquer la maison avec le terrain. Mais s'il n'offre pas au possesseur de lui payer la valeur de la construction, au moins jusqu'à concurrence de la plus-value qui en résulte pour le fonds, il pourra être repoussé par l'exception de dol. Cependant le texte offre au propriétaire une autre ressource ; s'il ne lui convient pas de payer la valeur de l'édifice, il peut inviter le possesseur à la démolir et à

enlever les matériaux ; on ne peut pas, en effet, le forcer à acquérir une maison malgré lui.

Paul suppose ensuite qu'une femme a bâti sur un
terrain qui lui a été donné par son mari. On sait que
les donations entre époux étaient nulles. Par conséquent, lorsque la femme intentera contre lui l'action
rei uxoriæ pour la restitution de sa dot, le mari pourra
se faire restituer le terrain qu'il avait donné à sa femme.
Mais le juge n'ordonnera cette restitution qu'autant
que le mari remboursera à la femme ses dépenses de
construction ou qu'il la laissera enlever l'édifice.

Enfin, Paul cite un dernier exemple dans lequel il
donne une décision contraire à celles qu'il a données
jusque-là. Un individu possède un jeune esclave qui
ne lui appartient pas ; il le fait instruire à ses frais, persuadé que cet esclave est à lui. Lorsque le propriétaire
viendra revendiquer cet esclave, il est clair que le possesseur ne pourra pas lui retirer l'instruction qu'il lui a
fait donner ; mais pourra-t-il retenir l'esclave si le propriétaire refuse de l'indemniser des dépenses qu'il a
faites pour le faire instruire ? Le jurisconsulte décide
que non, parce que, dit-il, d'un côté le propriétaire ne
doit pas être privé de son esclave faute de pouvoir
payer une dépense qui a été faite sans son aveu,
et que, de l'autre, on ne peut employer le remède
indiqué pour le terrain, c'est-à-dire enlever à l'esclave
l'instruction qui lui a été donnée.

Pour nous résumer, nous dirons avec Paul que,
« dans tous les cas où ma chose, par prépondérance,

« attire à elle la chose d'autrui et la rend mienne, si je
« la revendique, je serai forcé, par le moyen de l'ex-
« ception de dol, à payer le prix de ce qui y a ac-
« cédé (loi 23, p. 4. Paul, Lib. XXI, *ad Edictum*). »

Il nous reste à expliquer, pour terminer la matière
des obligations du demandeur vis-à-vis du possesseur,
deux textes qui forment les lois 37 et 38 de notre titre.

Voici ce que dit la loi 37 : « Julien, livre VIII de son
« Digeste, écrit : Si j'ai bâti sur un terrain appartenant
« à autrui, dont j'étais acheteur de bonne foi, mais
« que j'aie bâti dans un temps où je savais déjà qu'il
« était à autrui, voyons s'il n'est pas vrai que l'ex-
« ception ne peut me servir, à moins qu'on ne dise
« qu'elle doit servir à celui qui cherche à éviter une
« perte. Pour moi, je pense que l'exception ne profite
« pas à ce possesseur ; car il n'a pas dû, sachant déjà
« que ce terrain n'était pas à lui, y construire un édi-
« fice ; mais il faut lui accorder la faculté d'enlever,
« sans nuire au propriétaire du terrain, le bâtiment
« qu'il y a construit (loi 37, Ulpien, Lib. XVII, *ad*
« *Edictum*). »

Reprenons l'espèce dont ce texte s'occupe. Julien
suppose qu'une personne a acheté de bonne foi un
fonds qui n'appartenait pas au vendeur. Quelque temps
après, l'acheteur apprend que le fonds appartient à un
tiers, et en conséquence de possesseur de bonne foi
qu'il était il devient possesseur de mauvaise foi. Malgré
cela, il bâtit sur le fonds. Au premier abord, on pourrait
dire que l'acheteur, ayant bâti sachant fort bien que le

fonds ne lui appartenait pas, ne pourra pas opposer au propriétaire revendiquant l'exception de dol pour se faire tenir compte de ses dépenses. Cependant, comme, en définitive, il s'agit pour le possesseur d'éviter une perte et non de se procurer un profit, et que le propriétaire, sans cela, s'enrichirait à ses dépens, Julien incline à penser qu'on pourra accorder l'exception de dol au possesseur. Ulpien n'est pas de l'avis de Julien ; il pense que l'exception ne profite pas au possesseur ; car il n'aurait pas dû, sachant déjà que le terrain n'était pas à lui et que les constructions, suivant le sort du sol, seraient perdues pour lui, y construire un édifice. « Mais, ajoute le texte, il faut lui accorder la faculté « d'enlever, sans nuire au propriétaire du terrain, le « bâtiment qu'il y a construit. »

Ce texte, sans présenter en lui-même de difficulté, fait naître la question de savoir quel compte le propriétaire doit tenir au possesseur de mauvaise foi des dépenses qu'il a faites sur la chose. Tous les interprètes sont d'accord sur un point : à savoir que, pour les dépenses nécessaires, il en doit être tenu compte même au possesseur de mauvaise foi.

Il n'en est pas de même quant aux dépenses simplement utiles. — Cujas pense que, comme le propriétaire ne doit pas s'enrichir même aux dépens du possesseur de mauvaise foi, celui-ci peut lui opposer l'exception de dol pour se faire indemniser de ses dépenses utiles, jusqu'à concurrence de la plus-value. Suivant lui, la loi 37 dans laquelle Ulpien refuse l'exception de dol au

possesseur de mauvaise foi, doit s'entendre du cas
où le propriétaire n'aurait pas de quoi rembourser les
dépenses. Toute la différence, ajoute-t-il, qu'il y a à
cet égard entre le possesseur de mauvaise foi et le possesseur de bonne foi, c'est que celui-ci se fait rembourser ses dépenses alors même que la chose améliorée a
péri, tandis que le possesseur de mauvaise foi n'en ob-
tient le remboursement qu'autant que la chose améliorée existe encore et qu'ainsi le propriétaire s'enri-
chit actuellement à ses dépens.

Cependant, d'autres interprètes pensent que le possesseur de mauvaise foi doit s'imputer d'avoir fait ces
dépenses, et qu'il ne peut qu'emporter ce qui est susceptible d'être enlevé sans nuire à la chose et en la
laissant dans son état primitif. Cette dernière opinion
est plus conforme au texte même que nous expliquons.

Malgré cela, comme les jurisconsultes romains
eux-mêmes étaient divisés sur ce point, l'opinion de
Cujas nous paraît plus équitable. Il nous semble que la
plus grande latitude était laissée au juge pour peser
toutes les raisons d'équité qui pouvaient militer soit
pour, soit contre le possesseur.

Le texte de la loi 38 confirme cette supposition.

« Vous avez bâti ou planté sur le fonds d'autrui, que
« vous aviez acheté par erreur; ensuite vous en êtes
« évincé: un bon juge décidera diversement suivant
« les personnes et les circonstances. Supposez que le
« maître eût fait les mêmes constructions ou plantations;

« Il doit, pour recouvrer le fonds, rembourser la dé-
« pense, jusqu'à concurrence seulement de l'augmenta-
« tion de valeur qui en est résultée ; et si la plus-value
« est supérieure à la somme dépensée, il remboursera
« seulement cette somme. Supposez maintenant que
« le propriétaire est pauvre, et que, s'il était forcé de
« rembourser la dépense, il faudrait qu'il se privât de
« ses lares et des sépulcres de ses ancêtres : il suffit
« qu'on vous permette d'enlever ce que vous pouvez,
« à la condition de ne pas mettre le fonds dans un état
« pire que celui où il se trouverait si dans le principe
« on n'y eût pas bâti. Nous décidons, au reste, que, si le
« propriétaire est prêt à donner autant que le possesseur
« retirerait des constructions en les emportant, il aura
« le pouvoir de le faire. Il ne faut pas se prêter à la mé-
« chanceté : par exemple, si vous vouliez râcler le stuc
« ou les peintures dont vous avez orné les murs, n'en
« devant retirer d'autre avantage que le plaisir de
« nuire. Supposez enfin que le propriétaire est disposé
« à vendre le fonds dès qu'il l'aura recouvré : alors s'il
« ne rembourse pas ce que nous avons dit ci-dessus
« qu'il devait rembourser, vous ne serez condamné
« que déduction faite de cette somme. »

Voilà bien des circonstances que le juge devra prendre en considération.

Ainsi, si le propriétaire peut payer, et qu'il eût fait
les mêmes constructions ou plantations que le possesseur de bonne foi, il devra rembourser le montant de
la plus value, à moins que cette plus-value ne soit su-

périeure au montant des dépenses elles-mêmes, auquel cas il ne payerait que la somme dépensée par le possesseur.

Si le propriétaire est hors d'état de payer, sa position est infiniment respectable, surtout si un intérêt d'affection et de famille est attaché à ce fonds; seulement le possesseur pourra enlever les constructions ou plantations, à la condition toutefois de ne pas mettre le fonds dans un état pire que celui où il se trouverait si dans le principe on n'y eût pas bâti.

Mais il peut se faire que le propriétaire, tout en n'étant pas assez riche pour payer le montant de la plus-value, puisse néanmoins payer le prix que le possesseur pourrait retirer des matériaux qu'il enlèverait; dans ce cas, le juge ne doit pas permettre au possesseur d'enlever les matériaux. Encore moins devrait-il lui permettre de détruire les travaux qu'il a effectués, s'il ne peut retirer de cette destruction que le méchant et inutile plaisir de nuire au propriétaire.

Enfin, le jurisconsulte fait remarquer que, si le propriétaire a l'intention de vendre le fonds aussitôt qu'il l'aura recouvré, le juge n'aura pas à tenir compte de sa position de fortune, et rien ne pourra le dispenser de rembourser la dépense au possesseur jusqu'à concurrence de l'augmentation de prix qu'elle doit procurer.

Que si le propriétaire refuse le remboursement, le possesseur ne sera condamné à payer la valeur du fonds que déductions faites de la somme qui devait lui être remboursée.

Nous avons examiné les obligations respectives du possesseur et du propriétaire. Il ne nous reste plus, pour terminer notre matière, qu'à nous demander où la chose revendiquée doit être restituée, et si elle doit l'être sur-le-champ.

VI. — Où la chose revendiquée doit-elle être restituée?

Il faut, à cet égard, distinguer entre les meubles et les immeubles.

Pour les immeubles, il n'y a pas de difficulté; ils doivent évidemment être restitués dans le lieu de leur situation.

Quant aux meubles, il faut distinguer si le possesseur est de bonne ou de mauvaise foi.

Les lois 10 et 11 de notre titre prévoient le cas où le possesseur est de bonne foi : « Il n'est pas mal, dit « Paul, si celui qui est actionné est de bonne foi, que « la restitution se fasse, soit là où la chose se trouve, « soit là où l'on agit, mais à la charge par le deman- « deur de pourvoir aux frais qu'il faudra faire, en sus « de la nourriture, pour le voyage ou la navigation. » (Loi 10, Paul, lib. XXI *ad Edictum.*) Et Ulpien ajoute : « A moins que le demandeur n'aime mieux que la chose « soit restituée dans le lieu du jugement, à ses frais « et à ses risques; car alors on lui fera, pour assurer

« cette restitution, une promesse appuyée d'une fidé-
« jussion. » (Loi 11, Ulpien, lib. XVI *ad Edictum.*)

Cette loi tirée d'Ulpien n'est que la répétition de la dernière partie de la loi précédente : *soit là où l'on agit.....* Les mots : *A moins que* ne se lient pas aux derniers mots de la loi 10, mais à ceux-ci : *soit là où la chose se trouve.*

Ainsi, lorsque le possesseur est de bonne foi, il n'est tenu de faire la restitution de la chose que dans le lieu où elle se trouve. Si le demandeur préfère que la restitution se fasse au lieu où il a intenté le procès, les frais de transport seront à sa charge. Le jurisconsulte excepte avec raison les frais de nourriture; car le possesseur est tenu de nourrir l'esclave ou l'animal jusqu'au moment de la restitution.

La loi 12 prévoit le cas où le possesseur est de mauvaise foi. « Si le possesseur est de mauvaise foi et qu'il « se soit saisi de la chose dans un autre lieu, il faudra « décider de même. Mais si, l'ayant soustraite du lieu « où le procès s'est engagé, il l'a transportée ailleurs, « il doit la restituer à ses frais dans le lieu d'où il l'a « soustraite. » (Loi 12, Paul, lib. XXI *ad Edictum.*)

Ainsi, quand la chose est dans l'endroit même où il l'a trouvée, le possesseur de mauvaise foi n'est tenu de la restituer que là où elle est. Que si, au contraire, il l'a fait porter du lieu où le procès est engagé dans un autre lieu, il devra la faire rapporter à ses frais.

Mais la restitution doit-elle se faire immédiatement ? Oui, en général. Mais il peut se faire que la restitution no puisse avoir lieu sur-le-champ; que devra faire le juge? La loi **27**, §4, prévoit cette hypothèse : « Si, dit « Paul (loi **27**, §4, Paul, lib. XXI *ad Edictum*), le père « ou le maître possède par son fils ou par son esclave, « et que celui-ci soit absent, sans la faute du père ou « du maître, au temps du jugement, il faut que le juge « ou accorde un délai, ou fasse donner caution de res- « tituer la possession. »

Ainsi, le juge pourra prendre plusieurs partis suivant les circonstances. Ou bien il accordera au possesseur, pour faire revenir son fils ou son esclave, un certain délai, passé lequel, si la chose n'est pas restituée, le possesseur sera condamné à l'estimation. Ou bien, il prononcera l'absolution du défendeur, moyennant qu'il donnera caution de restituer la possession de la chose dans un certain temps. Ou bien enfin, si le défendeur refuse de donner caution, il le condamnera à payer la valeur de la chose.

Telles sont, dans les limites d'un travail nécessaire- ment abrégé, les principales règles qui présidaient à l'exercice de l'action en revendication.

DROIT FRANÇAIS.

DES CONFLITS D'ATTRIBUTION.

Nous diviserons notre travail sur les conflits en trois parties.

Dans une première partie, nous traiterons de la séparation des pouvoirs administratif et judiciaire, et nous verrons quels sont les moyens employés par le législateur pour empêcher la confusion de ces deux pouvoirs.

Dans une seconde partie, nous exposerons l'historique de la législation sur les conflits, et les progrès successifs de la jurisprudence qui ont amené l'ordonnance du 1er juin 1828.

Enfin, dans la troisième partie, nous étudierons en détail cette ordonnance qui forme encore aujourd'hui le système de notre législation en cette matière.

I. — Du principe de la séparation des pouvoirs administratif et judiciaire.

C'est un principe universellement admis aujourd'hui, que les trois pouvoirs législatif, exécutif et judiciaire, doivent rester distincts et indépendants les uns des autres. Il n'en était pas ainsi sous l'ancienne monarchie. Le roi confondait dans sa personne ces trois pouvoirs; il était législateur, administrateur et juge. Quelques esprits supérieurs, mais en petit nombre, protestaient contre une pareille confusion. Montesquieu, entre autres, disait au livre XXI°, ch. VI, de son *Esprit des lois :* « Lorsque dans la même personne, « ou dans le même corps de magistrature, la puissance « législative est réunie à la puissance exécutrice, il « n'y a point de liberté, parce qu'on peut craindre que « le même monarque, ou le même sénat, ne fasse des « lois tyranniques pour les exécuter tyranniquement.

« Il n'y a point encore de liberté, si la puissance de « juger n'est pas séparée de la puissance législative et « de l'exécutrice. Si elle était jointe à la puissance « législative, le pouvoir sur la vie et la liberté des « citoyens serait arbitraire ; car le juge serait législa- « teur. Si elle était jointe à la puissance exécutrice, le « juge pourrait avoir la force d'un oppresseur. »

Mais si, d'un côté, le roi réunissait en lui les trois

pouvoirs, les parlements, de leur côté, avaient pris une telle puissance, que la marche de l'administration en était souvent entravée.

L'autorité royale elle-même voyait souvent ses ordres méconnus, par le réfus des parlements d'enregistrer les édits royaux.

Tous ces inconvénients frappèrent les législateurs de 1789. La révolution, qui renversa tout l'ancien ordre de choses et la royauté elle-même, tenta de consacrer le principe de la séparation absolue de ces pouvoirs rivaux; elle créa, pour y parvenir, un ensemble d'institutions qui ont survécu, pour la plupart, aux nombreux changements qu'a vus notre pays depuis soixante-quinze ans.

Pour nous renfermer dans les limites de notre sujet, nous ne nous occuperons que des deux pouvoirs administratif et judiciaire, et nous verrons par quels moyens le législateur est parvenu à empêcher la confusion et la rivalité de ces deux pouvoirs.

Il fallait conserver à chacun son indépendance, et faire en sorte que l'un ne fût pas opprimé par l'autre. Chacun des deux pouvoirs a sa mission spéciale et distincte; mais les limites qui les séparent ne sont pas tellement nettes qu'il n'y ait pas à craindre de la part de l'un ou de l'autre des empiétements regrettables. Il fallait donc fixer ces limites, et placer au-dessus des deux pouvoirs une autorité modératrice qui les contînt et, au besoin, les fît rentrer dans la juste appréciation de leur mutuelle compétence.

Nous allons passer en revue tous les monuments législatifs qui ont fondé notre droit public à cet égard. On retrouve, dans presque tous, la crainte de voir se rétablir les anciens parlements, qu'un décret du 3 novembre 1789, avait déclarés en vacance illimitée, et qui furent supprimés définitivement par la loi des 16-24 août 1790, sur l'organisation judiciaire.

En premier lieu, une loi du 22 décembre 1789, sur l'organisation administrative de la France, déclare que les administrations de département et de district ne pourront être troublées dans l'exercice de leurs fonctions administratives par aucun acte du pouvoir judiciaire (Art. 7, sect. III). Cette séparation est formellement répétée dans une instruction de l'Assemblée constituante des 12-20 août 1790, qui fait observer aux Assemblées administratives, « qu'elles ne sont « chargées que de l'administration, qu'aucune fonc- « tion législative ou judiciaire ne leur appartient, et « que toute entreprise de leur part sur l'une ou l'autre « de ces fonctions introduirait la confusion des pou- « voirs, qui porterait l'atteinte la plus funeste aux « principes de la constitution. »

Ces deux actes posent le principe, mais sans en régler ni en sanctionner l'application. Ils ne contiennent pas encore, nettement formulées, les dispositions qui protégent les personnes en même temps que les matières administratives. Ce n'est que peu à peu que ces deux conséquences distinctes vont découler naturellement du même principe.

Nous verrons d'un côté l'interdiction faite aux tribunaux de connaître des matières administratives, de l'autre, la défense faite à ces mêmes tribunaux de citer devant eux les administrateurs en raison de leurs fonctions: deux principes de notre droit public, qui dérivent eux-mêmes d'un principe supérieur, la séparation des pouvoirs judiciaire et administratif. A côté de ces règles dont le germe est déjà posé, la sanction interviendra pour en assurer l'efficacité.

La loi des 16-24 août 1790, sur l'organisation judiciaire de la France, fut plus explicite que celle du 22 décembre 1789 ; on peut même dire qu'à proprement parler, c'est d'elle que date véritablement la distinction des deux pouvoirs. Dans son article 13 du titre II, elle proclamait la séparation des fonctions judiciaires et des fonctions administratives, interdisant aux juges, sous peine de forfaiture, de troubler, de quelque manière que ce soit, les opérations des corps administratifs, et de citer devant eux les administrateurs pour raison de leurs fonctions.

La loi des 7-14 octobre 1790, réglant différents points de compétence des corps administratifs en matière de grande voirie, ajoute une garantie de plus à celles qui sont énumérées dans la loi des 16-24 août; elle exige une autorisation préalable de l'autorité supérieure pour la poursuite des administrateurs devant les tribunaux.

La constitution des 3-14 septembre 1791 (chap. v, art. 3) reproduit le même principe. Elle interdit aux tribunaux d'entreprendre sur les fonctions administratives et de citer devant eux les administrateurs pour raison de leurs fonctions.

Nous ne saurions mieux faire, pour résumer l'œuvre de l'Assemblée constituante sur ce sujet, que de citer quelques paroles extraites du rapport présenté par M. de Cormenin à la commission chargée de préparer l'ordonnance du 1er juin 1828. Après avoir analysé la loi des 16-24 août 1790, M. de Cormenin ajoute :

« Mais il ne suffisait pas que, pour prévenir la renais-
« sance des désordres enfantés par la confusion des
« deux pouvoirs, l'Assemblée constituante leur eût dit :
« Marchez indépendants l'un de l'autre et soyez tou-
« jours divisés pour être unis; il fallait maintenir cette
« indépendance, il fallait accorder des garanties à l'au-
« torité administrative.

« Ces garanties, conditions nécessaires de son exis-
« tence, devaient couvrir la personne des fonction-
« naires et les matières de la fonction.

« De là naquirent les mises en jugement et les
« conflits.

« Les mises en jugement des fonctionnaires ne
« purent s'effectuer sans l'autorisation préalable de
« l'administration.

« Les conflits ou réclamations d'incompétence furent
« soumis au roi.

« Mais l'Assemblée constituante n'eut pas le temps
« de régler le mode, les cas ou les limites du conflit,
« et elle fut entraînée elle-même avec la monarchie
« dans le gouffre de la révolution.

« La Convention en sortit; elle regarda autour de
« soi et, se trouvant seule, elle réunit dans son faisceau
« de dictateur tous les pouvoirs du législateur, de l'ad-
« ministrateur et du juge.

« Elle annulait des jugements, soit par voie de référé,
« soit sur la proposition de ses comités, soit par l'or-
« gane de ses représentants. C'est ce qui résulte des
« décrets législatifs des 21 prairial an II, 18 pluviôse
« et 1er fructidor an III, et d'une foule d'autres actes.

« Alors le pouvoir administratif changea d'objet et,
« devenu un instrument politique, il força l'asile des
« tribunaux et s'étendit, sans terme comme sans me-
« sure, sur les choses et sur les personnes. »

Et cependant, la constitution du 5 fructidor an III,
dans ses articles 202 et 203, avait de nouveau consacré
l'indépendance réciproque des deux pouvoirs, en établissant d'un côté que les fonctions judiciaires ne pouvaient être exercées ni par le Corps législatif, ni par
le pouvoir exécutif, et d'un autre côté que les juges ne
pouvaient citer devant eux les administrateurs pour
raison de leurs fonctions.

Peu de jours après la constitution, parut la fameuse
loi du 16 fructidor an III, qui porte : « La Convention
« décrète qu'elle annule toutes procédures et jugements
« intervenus dans les tribunaux judiciaires contre les
« membres des corps administratifs et comités de sur-
« veillance, sur réclamations d'objets saisis, de taxes
« révolutionnaires et d'autres actes d'administration
« émanés desdites autorités pour l'exécution des lois

« et arrêtés des représentants du peuple en mission, ou
« sur répétition des sommes et effets versés au trésor
« public. Défenses itératives sont faites aux tribunaux
« de connaître des actes d'administration, de quelque
« espèce qu'ils soient, aux peines de droit. »

Il ne faut pas admettre absolument et rigoureusement tout ce qui est dit dans cette loi, qui n'est qu'une loi de circonstance. On doit distinguer ce qui est interprétation littérale et surtout réformation ou annulation directe des actes administratifs, de ce qui est purement application ou interprétation doctrinale ou juridique et exécution de ces actes. La défense faite aux tribunaux judiciaires de connaître des actes de l'administration s'applique à l'interprétation littérale de ces actes et non pas à leur application doctrinale ou juridique. Si la contestation porte sur le sens littéral et la portée de quelques-uns de ces actes, il y a lieu à interprétation; les tribunaux judiciaires alors ne sont plus compétents. Si le sens et la portée de l'acte exclusivement administratif sont reconnus, mais s'il ne s'agit que de l'application ou de l'exécution, alors, comme il faut recourir aux règles du droit commun, les tribunaux judiciaires sont compétents.

En exécution du titre VII de la constitution de l'an III, une loi intervint le 21 fructidor de la même année, relative aux fonctions des corps administratifs et municipaux. Aux termes de l'art. 27 de cette loi, en cas de conflit d'attributions entre les autorités judiciaires et administratives, il devait être sursis jusqu'à décision du ministre, confirmée par le directoire exécutif qui devait en référer, s'il était besoin, au Corps législatif. Le directoire usa sobrement de ce droit qui était purement facultatif. Ainsi que le constate M. Boulatignier dans le remarquable article qu'il a publié sur les conflits dans le *Dictionnaire d'administration* de M. Blanche, il est peut-être sans exemple que le directoire ait spontanément déféré au Corps législatif la décision d'un conflit.

En l'an VIII, une nouvelle constitution fut donnée à la France; le Directoire céda la place au Consulat. Le principe de la séparation des pouvoirs demeura intact. Le fameux art. 75 de cette constitution porte, en effet:
« Les agents du gouvernement, autres que les minis-
« tres, ne peuvent être poursuivis pour des faits relatifs
« à leurs fonctions, qu'en vertu d'une décision du con-
« seil d'État : en ce cas, la poursuite a lieu devant les
« tribunaux ordinaires. » C'est là ce qu'on appelle la garantie constitutionnelle.

En parcourant toutes les constitutions qui, depuis l'an VIII, ont successivement régi la France, nous n'y rencontrons plus aussi nettement formulé le principe de la séparation des pouvoirs administratif et judiciaire, bien qu'en fait il eût déjà pris place dans le droit public du pays. Aussi a-t-on prétendu que l'art. 75 de la constitution de l'an VIII était abrogé virtuellement. Sans doute, dans la rigueur des principes, on eût pu décider que tous les actes relatifs à l'organisation des pouvoirs publics ont été abrogés par la survenance d'une nouvelle loi fondamentale. Mais, comme le fait remarquer M. Duvergier, ce système eût laissé des lacunes immenses dans notre législation politique. On a donc dû reconnaître, et ce point est aujourd'hui universellement admis, que beaucoup de dispositions des anciennes constitutions, notamment l'art. 75 de la constitution du 22 frimaire an VIII, sont encore en vigueur.

La charte de 1830, qui n'est autre, sauf quelques modifications, que la reproduction de celle de 1814, garde le même silence au point de vue qui nous occupe.

La constitution du 4 novembre 1848 proclame, art. 10, que la séparation des pouvoirs est la première condition d'un gouvernement libre. La constitution du 14 janvier 1852, sans s'en expliquer formellement, part évidemment du même principe.

A côté de ces prescriptions, se place la sanction qui est nécessaire pour que, dans l'application, le principe ne soit pas violé. C'est le code pénal qui contient les peines qui seraient encourues par les juges dans le cas où ils s'immisceraient indûment dans les matières de la compétence administrative.

L'art. 127 déclare coupables de forfaiture et punit de la dégradation civique, les juges, procureurs généraux ou impériaux ou leurs substituts, les officiers de police judiciaire, qui auraient excédé leurs pouvoirs, en s'immisçant dans les matières attribuées aux autorités administratives.

L'art. 128 punit d'une amende de 16 francs au moins et de 150 francs au plus, « les juges qui, sur la revendi-
« cation formellement faite par l'autorité administrative
« d'une affaire portée devant eux, auront néamoins
« procédé au jugement avant la décision de l'autorité
« supérieure. »

Enfin l'art. 129 punit d'une amende de 100 francs à 500 francs, les juges qui, « sans autorisation du gou-
« vernement, auront rendu des ordonnances ou décerné
« des mandats contre ses agents ou préposés, prévenus
« de crimes ou de délits commis dans l'exercice de
« leurs fonctions. »

Deux garanties importantes ont donc été données par notre droit public à l'administration, pour se dé-fendre contre les empiétements. D'une part, lorsqu'une matière administrative est présentée devant un tribu-nal, les lois accordent à l'administration le droit de re-vendiquer cette affaire, elles ordonnent au tribunal d'avoir à s'abstenir ; et c'est le chef suprême de l'ad-ministration qui est appelé à juger le conflit entre elle et les tribunaux judiciaires. D'un autre côté, les agents de l'administration sont protégés dans l'exercice de leurs fonctions, par la certitude qu'ils ont de ne pou-voir être poursuivis devant les tribunaux judiciaires qu'avec l'autorisation de leurs supérieurs.

De deux choses l'une : ou l'autorité supérieure ap-prouvera la conduite des agents, et ne donnera pas l'autorisation de poursuite, et, dans ce cas, la liberté d'action de l'administration sera sauvegardée ; ou bien l'agent sera désavoué, et l'autorisation de poursuite accordée, et alors la justice aura son cours, sans que rien puisse l'arrêter. Dans les deux hypothèses, l'indépendance de l'action administrative aura été respectée.

De ces deux garanties, celle qui protége la personne même des agents du gouvernement, ne rentre pas directement dans notre sujet ; nous ne nous occuperons donc que de celle qui a pour but de maintenir la compétence de l'administration dans les matières administratives : nous voulons parler des conflits d'attributions.

II. — Notions historiques sur les conflits.

« Le conflit, » dit M. de Cormenin, dans son rapport sur l'ordonnance de 1828, « a été institué dans un but « d'ordre public, pour maintenir la distinction, la sé- « paration et l'indépendance pleine et réciproque des « matières et des fonctions administratives et judi- « claires. » En effet, il ne suffisait pas de poser le principe de cette indépendance réciproque ; il ne suffisait pas de dire aux deux autorités : Voici deux chemins séparés ; suivez chacune le vôtre, sans vous occuper de celui de votre voisine. Il y avait trop de points de contact pour que les limites fussent bien nettement fixées. On devait prévoir des difficultés, des prétentions contraires. Et, dans ce cas-là, on devait se demander à

qui il appartiendrait de trancher la difficulté, et quelles
seraient les règles à suivre. Tout cela ne fut pas
l'œuvre d'un jour. Ce ne fut que peu à peu que les conséquences furent tirées par la jurisprudence des principes posés par les lois. Nous avons à retracer l'historique de ces progrès successifs.

Dès le commencement, il y a un point admis, que
personne ne contestera plus ; c'est à l'administration
supérieure qu'il appartiendra de maintenir sa compétence contre les empiètements de l'autorité judiciaire. Dès le commencement, le chef de l'État, comme
supérieur hiérarchique de l'administration d'une part
et du pouvoir judiciaire de l'autre, est appelé à jouir
du privilége de statuer sur les conflits qui peuvent s'é-
lever entre ces deux autorités rivales.

On pouvait se demander pourquoi l'administration
était chargée d'une décision dans laquelle elle était
partie la plus intéressée. Lorsque la question fut posée
en 1828 à la commission, M. Cuvier, membre de cette
commission, répondit à la difficulté que nous venons
de poser, dans des termes si clairs et si élevés que nous
ne pouvons mieux faire que de reproduire intégralement ses paroles :

« Le conflit est le moyen accordé au pouvoir amo-
« vible et responsable, pour se défendre contre les
« invasions du pouvoir inamovible ou irresponsable.
« Les affaires judiciaires en France, seul pays connu
« où il en soit ainsi, étant entièrement confiées à des

« corps collectifs et inamovibles, la cassation qui,
« avant la révolution, appartenait au conseil du roi,
« ayant été elle-même attribuée à un corps de ce
« genre, il était rigoureusement nécessaire, si l'on
« voulait conserver un gouvernement responsable,
« d'enlever soigneusement aux tribunaux toutes les
« matières administratives, c'est-à-dire tout ce qui a
« rapport au gouvernement général, à la police, à
« l'exercice des droits qui appartiennent à la commu-
« nauté comme telle ; ces matières étant par leur na-
« ture l'objet de l'ambition des individus et des corps,
« parce qu'elles donnent plus d'autorité, plus de crédit
« et plus de moyens de favoriser ses créatures, l'ordre
« judiciaire a une tendance naturelle à s'en emparer ;
« et chacun se souvient que dans l'ancien régime les
« parlements s'en étaient emparés en grande partie, et
« qu'ils étaient sans cesse en guerre à ce sujet avec le
« gouvernement. Le gouvernement avait cependant
« alors une défense qu'il n'a plus, l'arme de la cassa-
« tion, dont il est dépouillé aujourd'hui.

« L'Assemblée constituante, composée d'hommes
« qui avaient été témoins de ces débats, s'aperçut
« promptement que si elle n'y portait pas remède, le
« pouvoir législatif lui-même serait anéanti ; car il
« n'aurait aucun moyen d'arrêter les autorités judi-
« ciaires, ni de les faire répondre de leurs actes.
« Quelque impartiale que puisse être la cour de cas-
« sation, elle appartient à l'ordre judiciaire, elle est
« composée des mêmes éléments ; et en matière d'at-

« tribulions elle a les mêmes intérêts; enfin, et surtout,
« il n'y a aucun moyen de réformer ses arrêts. La dis-
« position qui donnait au roi, sous la responsabilité de
« ses ministres, le droit de juger les conflits, était donc
« une conséquence mathématique de l'établissement
« du gouvernement représentatif. Admettons, en effet,
« une disposition contraire, insensiblement les tribu-
« naux jugeront les questions administratives ; ils
« s'empareront de la police, ils entraveront le gouver-
« nement, ils finiront par faire des lois par leurs arrêts.
« Sans cesse, les ministres auront à dire qu'ils ne peu-
« vent répondre d'opérations dans lesquelles leur action
« n'est pas libre : et que pourra faire le Corps législatif?
« Il sera toujours muet devant des arrêts. Au contraire,
« que le gouvernement abuse des conflits ; qu'il enlève
« les citoyens à leurs juges naturels ; qu'il interver-
« tisse les juridictions ; ses ministres peuvent à chaque
« instant être appelés à en répondre devant les cham-
« bres. Il y a à l'abus de ce remède un autre remède
« toujours prêt.

« Ce n'est donc pas seulement la loi positive, c'est la
« raison, c'est la nature des choses qui veut que le
« jugement des conflits appartienne au gouvernement.
« Qu'on le règle de manière à ne point choquer sans
« nécessité les tribunaux ; à ne point traîner mal à
« propos les citoyens devant l'autorité administrative
« dans les matières judiciaires, rien de plus juste, rien
« même de plus utile à la conservation d'une préroga-
« tive nécessaire : mais transférer cette prérogative à

« un membre quelconque de l'ordre judiciaire, c'est
« renverser la constitution. »

Ces motifs qui, en 1828, engageaient la commission
à ne pas déroger au droit antérieur, avaient déterminé
l'Assemblée constituante à remettre entre les mains du
gouvernement la décision des conflits.

Dès l'abord, en posant dans la loi des 16-24 août
1790 le principe de la séparation des pouvoirs, elle
avait négligé de pourvoir aux moyens d'application de
ce principe. Ce ne fut que quelques mois plus tard,
dans la loi des 7-14 octobre 1790, qu'elle confia définitivement au pouvoir exécutif le soin de décider les
conflits. Les réclamations d'incompétence à l'égard
des corps administratifs devaient être portées au roi
chef de l'administration générale, sauf, dans le cas où
l'on prétendrait que les ministres auraient fait rendre
une décision contraire aux lois, recours devant le
Corps législatif. Mais les cas, les règles, la procédure
des conflits n'étaient pas déterminés ; de grandes difficultés restaient donc dans l'application.

Arrive la Convention. Nous avons vu qu'elle réunit
un moment en elle seule les trois pouvoirs législatif,
administratif et judiciaire. Elle annulait les jugements des tribunaux, lorsqu'ils lui paraissaient empiéter sur l'administration. Nous avons déjà cité
la loi du 16 fructidor an III ; nous avons vu que
ce n'était qu'une loi de circonstance, et qu'il ne
fallait pas admettre rigoureusement tout ce qui s'y
trouvait.

Enfin vint la loi du **21** fructidor an **III**, qui attribua de nouveau au gouvernement le règlement des conflits. La décision devait être prise par le ministre compétent, et confirmée par le directoire exécutif, qui pouvait en référer, s'il était besoin, au Corps législatif. Nous retrouvons ici le même principe que dans la loi des 7-14 octobre 1790 ; c'est encore au chef du pouvoir exécutif qu'il appartient de statuer sur les conflits. Mais, ce qui n'était pas indiqué dans la loi de 1790, et ce que nous trouvons réglé par la loi de l'an III, le directoire doit statuer dans un certain délai, qui est d'un mois. Du reste, nous ne voyons encore ni qui élèvera le conflit, ni quelle sera la procédure à suivre.

En l'an VIII, l'autorité chargée de juger le conflit change de fait ; mais il faut toujours l'approbation du chef de l'État. La constitution du **22** frimaire an VIII, en créant le conseil d'État, lui donne comme attribution formelle la mission de résoudre les difficultés qui s'élèvent en matière administrative. (Art. 52.)

L'article 11 du règlement du 5 nivôse de la même année est plus explicite encore, et charge le conseil d'État de prononcer, d'après le renvoi qui lui en est fait par les consuls, sur les conflits qui peuvent s'élever entre l'administration et les tribunaux. Cet arrêté ne réglait pas le mode qui devait être employé pour élever le conflit, non plus que la procédure à suivre. Ce fut un arrêté des consuls du 13 brumaire an X, qui donna aux préfets le droit d'élever le conflit, soit d'office, soit sur la dénonciation du ministère public.

Aussitôt que les commissaires du gouvernement étaient informés qu'une question attribuée par la loi à l'autorité administrative avait été portée devant le tribunal où ils exerçaient leurs fonctions, ils étaient tenus d'en requérir le renvoi devant l'autorité compétente, et de faire insérer leurs réquisitions dans le jugement qui intervenait. Si le tribunal refusait le renvoi, ils devaient en instruire sur-le-champ le préfet du département, auquel ils envoyaient en même temps copie de leurs réquisitions, ainsi que des motifs sur lesquels elles étaient fondées. Dans les vingt-quatre heures, le préfet devait élever le conflit et transmettre, sans aucun retard, copie de son arrêté au commissaire du gouvernement, par lequel il était notifié au tribunal avec déclaration qu'aux termes de l'article 27 de la loi du 21 fructidor an III, il devait être sursis à toutes procédures judiciaires, jusqu'à ce que le conseil d'État eût prononcé sur le conflit. A défaut de dénonciation par les commissaires du gouvernement près les tribunaux, les préfets devaient élever le conflit entre les deux autorités, toutes les fois qu'ils étaient informés d'ailleurs qu'un tribunal était saisi d'une affaire qui, par sa nature, était de la compétence de l'administration; et, dans ce cas, le commissaire du gouvernement était également tenu de faire la notification au tribunal d'avoir à surseoir à toutes procédures judiciaires, quelle que pût être, d'ailleurs, son opinion personnelle sur la compétence.

Le conseil d'État, auquel était maintenant confiée la

décision des conflits, eut beaucoup à faire pour remédier aux abus des régimes précédents. Il l'entreprit courageusement, et l'on doit à sa jurisprudence d'avoir fixé un grand nombre de points qui guidèrent les membres de la commission de 1828 dans la rédaction de l'ordonnance.

Dès le commencement, le conseil d'État tenta de restreindre l'exercice illimité du droit de conflit. Par décret du 15 janvier 1813, il fut décidé que le conflit ne pourrait plus à l'avenir être élevé après des contestations terminées par des jugements ayant acquis l'autorité de la chose jugée.

Malheureusement, le conseil prouva bientôt que ce qu'il entendait par chose jugée, c'était la chose irrévocablement jugée par l'expiration des délais du pourvoi en cassation. (Décret du 6 janvier 1814 inséré au *Bulletin des Lois.*)

La Restauration accepta l'héritage de l'Empire. Dans l'ordonnance du 29 juin 1814, portant organisation du conseil d'État, le comité du contentieux fut chargé de connaître des conflits. (Art. 9.)

Quelque temps après, le conseil ayant eu à statuer sur un arrêté de conflit élevé après un arrêt de cour royale, revint sur sa jurisprudence du 6 janvier 1814. Par décision du 6 février 1815, il déclara « que les lois et « arrêtés relatifs aux conflits ne sont point applicables « aux contestations terminées par des jugements ou « arrêts qui ont acquis l'autorité de la chose jugée ; « que les jugements de première instance rendus en

« dernier ressort, et les arrêts des cours rendus con-
« tradictoirement, sont empreints de ce caractère au
« moment même où ils sont prononcés. »

Cette doctrine, qui fut plus tard consacrée par l'ordonnance de 1828, fut renversée par la jurisprudence
en 1819, et l'on revint aux principes qui avaient dicté
le décret du 6 janvier 1814.

La décision du conseil du 6 février 1815 portait
condamnation de l'une des parties aux dépens ; ce
qui nous amène à examiner une question longtemps
débattue, celle de savoir s'il faut assimiler le règlement des conflits au jugement des autres affaires contentieuses.

L'ordonnance royale du 29 juin 1814 avait chargé,
comme nous l'avons vu, le comité du contentieux de
connaître des conflits, qui étaient considérés comme
rentrant dans le contentieux administratif, d'après
l'avis du conseil d'État du 19 janvier 1813, approuvé
par l'Empereur le 22 du même mois.

En conséquence de cette assimilation, on appliquait
au jugement des conflits les formes déterminées par
le décret du 22 juillet 1806, pour le règlement des affaires contentieuses. On n'avait pas encore saisi le véritable caractère du conflit. Ce fut à l'occasion d'une
affaire particulière, que le conseil d'État, dans un arrêt
demeuré célèbre, proclama les vrais principes qui ré-
gissent la matière.

Voici dans quels termes l'affaire se présenta. Un
arrêté de conflit pris par le préfet de la Somme avait

été annulé conformément aux conclusions de l'une des parties intéressées, par une ordonnance royale du 4 août 1817. La régie de l'enregistrement, considérant cette ordonnance comme un arrêt, prétendit faire payer à la partie sur les conclusions de laquelle elle avait été rendue, les droits fixés par l'art. 47 de la loi du 28 avril 1816. L'avocat de la partie ayant réclamé contre cette perception devant le ministre des finances, ce ministre en référa au garde des sceaux, qui chargea les comités de législation et du contentieux d'examiner si le droit, établi par la loi précitée, était dû au cas dont il s'agit. Les comités pensèrent que cette question tenait à celle de savoir si les ordonnances, rendues en matière de conflits, pouvaient être considérées comme des jugements ou arrêts. Ces deux questions furent examinées et résolues dans un avis du 6 février 1821, où l'on établit : « Que l'on ne peut comprendre sous « la dénomination de jugements ou arrêts que des dé- « cisions rendues sur des intérêts privés avec des « formes judiciaires, et, par conséquent, sur une de- « mande introduite par une partie, jugée contradic- « toirement avec une autre partie citée pour se défendre; « que l'on reconnaît ce caractère dans toutes les or- « donnances rendues sur l'avis du conseil d'État au « sujet de recours exercés contre les arrêtés des con- « seils de préfecture et des décisions ministérielles, « puisque ces ordonnances jugent réellement des « procès, et les jugent suivant les formes usitées pour « l'instruction des procès; mais qu'aucun de ces carac-

7

« tères ne se rencontre dans les ordonnances relatives
« aux conflits ; qu'en effet :

« 1° Les conflits ne forment pas une contestation
« entre particuliers, mais entre les deux autorités pu-
« bliques, administrative et judiciaire, qui chacune
« revendiquent la même affaire ou refusent de la juger ;

« 2° Que, dans ces sortes de débats, il ne s'agit ni
« d'intérêts privés, ni de l'application des lois civiles,
« mais du maintien de l'ordre public et de l'exécution
« des lois constitutionnelles ;

« 3° Qu'aussi ces affaires ne sont introduites ni par
« requête, ni par citation, le conseil d'État ne pouvant
« en être saisi que par le gouvernement lui-même, qui
« seul a le droit de déférer à son examen l'arrêté de
« conflit ;

« 4° Que ces affaires sortent tellement de la classe
« des procès, que, jusqu'en 1813, elles ont été instrui-
« tes et décidées sans le concours des parties, sans
« qu'elles aient pu prendre part à la discussion, ou
« former opposition aux décisions rendues ; que si,
« depuis, on a admis les parties à fournir des observa-
« tions, ce n'est pas qu'on ait reconnu leur interven-
« tion obligée et nécessaire dans l'instruction, mais
« uniquement afin d'obtenir des renseignements sur
« les faits qui peuvent éclairer la discussion et déter-
« miner la décision à intervenir ; qu'il est donc évident
« que le droit de prononcer sur les conflits entre l'ad-
« ministration et les tribunaux est une des prérogatives
« de la puissance royale, dont l'objet est de maintenir

« la division des pouvoirs établis par la Charte, de
« réprimer, dans l'intérêt du trône, toute invasion des
« autorités secondaires, et, par conséquent, que les
« ordonnances en cette matière sont des actes de haute
« administration, qui, de leur nature, par leurs effets
« et dans l'ordre constitutionnel, ne peuvent être as-
« similés à des arrêts, ni être passibles du droit d'en-
« registrement ; que vainement la régie oppose que la
« Cour de cassation prononce, comme le Conseil d'État,
« sur les conflits ; que les actes de la Cour de cassation
« relatifs aux conflits sont bien certainement des ar-
« rêts soumis à l'enregistrement, qu'il en doit, par con-
« séquent, être de même des ordonnances que le Roi
« rend en cette matière de l'avis de son Conseil ; qu'à
« cette objection on répond que la Cour de cassation
« ne prononce que sur les conflits élevés entre les tri-
« bunaux et les juges d'instruction ; que son pouvoir
« étant borné à maintenir la hiérarchie dans l'ordre
« judiciaire, ses actes, sans aucune influence sur l'ad-
« ministration de l'État, ne peuvent être considérés
« comme administratifs ; que, de leur nature comme
« dans leur forme extérieure, ils ont un caractère
« purement judiciaire et ne sont que des arrêts ; mais
« que le Roi, lorsqu'il prononce sur des conflits, exerce
« un pouvoir beaucoup plus étendu ; que, devant le
« Roi, il ne s'agit pas, comme devant la Cour de cassa-
« tion, d'un règlement de compétence entre un tribu-
« nal et un autre tribunal ; qu'il s'agit, ce qui est au-
« trement important, d'une lutte entre deux autorités

« indépendantes l'une de l'autre, l'autorité judiciaire et
« l'aut   té administrative; que l'ordonnance qui ter-
« mine ce débat, ayant toujours pour effet nécessaire
« d'ordonner ou de défendre à l'administration de juger,
« elle a nécessairement, dans tous les cas, un caractère
« administratif; que le Roi, lorsqu'il rend cette ordon-
« nance, ne fait pas, comme la Cour de cassation, un
« simple acte de juridiction, mais qu'il agit, comme
« administrateur suprême, élevé non-seulement au-
« dessus des corps judiciaires, mais au-dessus de tous
« les pouvoirs publics dont il règle les mouvements,
« et qu'il ramène dans les limites qui leur sont res-
« pectivement fixées par la loi; qu'il serait, dès lors,
« contre tous les principes et qu'il y aurait une sorte
« d'inconvenance à ne considérer le Roi dans l'exercice
« de cette haute prérogative que comme un juge assis
« sur son tribunal et l'acte, émané de son autorité,
« comme un simple jugement soumis à une formalité
« bursale. »

En conséquence, les comités étaient d'avis, « que les
« ordonnances rendues en matière de conflit sont des
« actes de haute administration; qu'elles conservent
« ce caractère alors même que les parties ont été en-
« tendues; que ne pouvant, sous aucun rapport, être
« assimilées à des arrêts, elles ne sont pas passibles du
« droit d'enregistrement imposé par l'art. 47 de la loi
« du 28 avril 1816. »

Les deux ministres de la justice et des finances,
approuvèrent cet avis. Dès lors, le conseil d'État pensa

qu'il y avait lieu de procéder à l'instruction du jugement des conflits dans les formes administratives, que
l'intervention des parties n'étaient plus un droit pour
elles, et que si on les admettait encore à présenter des
observations, elles pouvaient le faire sans l'intervention
des avocats au conseil.

L'ordre des avocats réclama par une requête adressée
au garde des sceaux. Il s'appuyait sur ce que l'avis du
conseil du 19 janvier 1813, ayant été approuvé par
l'Empereur, avait force de loi et ne pouvait être modifié par une décision non approuvée d'une des sections
du conseil d'État. Le garde des sceaux renvoya l'examen de la question au comité du contentieux, qui per-
sista dans les principes émis dans son avis du 6 février
1821, tout en reconnaissant qu'en effet l'avis du conseil
du 19 janvier 1813 approuvé par l'Empereur, avait le
caractère d'une disposition législative et ne pouvait
être réformé que par une ordonnance royale. Le comité
joignit à ce vœu quelques règles qui, dans l'esprit de
ses membres, devaient prévenir la longueur des délais,
et déterminer plus exactement le mode d'intervention
des parties.

Ce fut cet avis, aux vues duquel le gouvernement
adhéra, qui amena l'ordonnance royale du 12 décembre 1821.

Cette ordonnance enjoignait aux préfets de transmettre leurs arrêtés de conflit, dans les trois jours, au
procureur du roi près le tribunal saisi de l'affaire et aux
ministres de la justice et de l'intérieur. Dans les trois

jours de la réception de l'arrêté de conflit, le procureur du roi devait informer par lettre les avoués des parties, ou les parties elles-mêmes lorsqu'il n'y avait pas d'avoué constitué, de l'existence du conflit, en les avertissant qu'elles pouvaient prendre communication de cet arrêté à la préfecture, et s'en faire délivrer, sans frais, expédition. Quant aux parties qui croyaient devoir présenter des observations sur le conflit, elles devaient les adresser, avec les pièces à l'appui, au secrétaire général du conseil d'État, dans les délais déterminés par l'art. 4 du règlement du 22 juillet 1806, c'est-à-dire dans la quinzaine, dans le mois, ou dans les deux mois, suivant les distances. Faute par les parties d'avoir, dans le délai fixé, remis leurs observations et les documents à l'appui, il devait être passé outre au jugement du conflit, sans qu'il pût y avoir lieu à opposition ni à révision des ordonnances intervenues. Enfin l'art. 7 de l'ordonnance ajoutait qu'il ne serait prononcé sur ces observations, quel que fût le jugement qui intervînt, aucune condamnation de dépens.

Il y avait là, sans contredit, de véritables progrès, et les conflits étaient envisagés sous leur véritable jour. Mais l'abus que fit l'administration de cette arme mise à sa disposition, surtout en matière électorale, amena, peu de temps après, de vives réclamations. Le ministère, qui fut appelé aux affaires en 1828, reconnut en conséquence la nécessité d'examiner à fond ces réclamations.

Une commission, composée de neuf membres, fut nommée par M. le garde des sceaux Portalis. Cette commission fut chargée par l'arrêté ministériel : 1° d'examiner suivant quelles règles et quelles formes et dans quelles limites le droit de revendiquer les affaires dont la connaissance appartient à l'administration, soit en vertu des lois qui ont réglé ses attributions, soit en vertu des lois spéciales, peut et doit être exercé, aux termes des lois existantes, par les agents du gouvernement; 2° de proposer et rédiger, s'il y a lieu, les dispositions réglementaires qui pourraient paraître nécessaires et utiles pour maintenir l'autorité de la chose jugée et la compétence des tribunaux, sans porter atteinte à l'indépendance de l'action de l'administration.

Ce fut du travail de cette commission que sortit l'ordonnance du 1er juin 1828, qui est encore en vigueur et que l'on peut appeler à bon droit le code des conflits.

Tout d'abord, une question préalable fut posée dans le sein de la commission. Devait-on s'occuper de préparer un projet de loi ou seulement un projet d'ordonnance ? D'après l'avis de M. de Cormenin, rapporteur de la commission, cette matière, qui touche à l'organisation de la société et à la division des pouvoirs, était essentiellement législative; et, dans l'esprit de l'honorable membre, rien ne pouvait suppléer la discussion publique dans les deux chambres.

La commission elle-même, se rattachant à l'opinion émise par M. de Cormenin, exprima nettement sa préférence pour une loi. Nous lisons, en effet, dans l'avis qu'elle rédigea au terme de ses travaux :

« Les membres de la commission... sont d'avis que
« si, pour ne pas sortir des termes exprès de leur
« mandat, qui les invitait à se renfermer dans la légis-
« lation existante, ils ont dû se borner à présenter sous
« la forme d'une ordonnance les mesures qui leur ont
« paru les plus propres à resserrer et à diriger l'ac-
« tion du conflit, ils ne peuvent néanmoins s'empêcher
« d'exprimer leur opinion sur l'insuffisance d'une or-
« donnance et sur les avantages d'une loi dans une
« matière aussi importante ; que, sans doute, l'ordon-
« nance proposée présente des avantages incontes-
« tables... ; que, malgré ces avantages, il est vrai de
« dire qu'une ordonnance peut être à chaque moment
« modifiée, dénaturée et même révoquée par une
« autre ordonnance... »

Une autre question, la plus grave et la plus importante de la matière, méritait toute l'attention de la
commission. Il s'agissait de savoir à qui appartiendrait le règlement des conflits. Quelques membres
proposaient de confier cette importante attribution à la
cour de cassation. Nous avons cité plus haut les paroles
que prononça Cuvier à cette occasion. Il s'appuyait
principalement sur la nécessité de garantir l'indépendance du pouvoir administratif contre les empiétements
d'un pouvoir inamovible. Ces raisons et quelques autres encore rallièrent la majorité de la commission qui,

en définitive, laissa le règlement des conflits au roi
en son conseil d'État.

L'ordonnance de 1828, qui fut préparée par la commission, fut un véritable progrès. C'est elle qui nous
régit encore, sauf quelques modifications de peu d'importance. Voici, du reste, comment les membres de la
commission appréciaient leur travail. Dans l'avis qui
accompagnait le projet d'ordonnance, ils ont énuméré
les différentes améliorations qu'elle apportait à la législation existante. Nous ne saurions mieux faire,
avant d'aborder l'étude détaillée de l'ordonnance elle-
même, que de donner ce résumé d'ensemble des règles
posées par elle :

« L'ordonnance proposée, est-il dit dans l'avis de
« la commission, présente une utilité et des améliora-
« tions incontestables, puisqu'elle restreint les cas et les
« limites des conflits : les cas, en ne permettant plus de
« l'élever, comme par le passé, ni en matière crimi-
« nelle, ni en matière correctionnelle, si ce n'est dans
« deux circonstances déterminées; ni sous le prétexte du
« défaut d'autorisation de la poursuite des agents du gou-
« vernement, ou de l'omission de toute autre formalité
« préalable aux poursuites judiciaires, ni sur les juge-
« ments de juges de paix, ni sur les jugements des tribu-
« naux de commerce, ni sur les jugements des tribunaux
« de première instance rendus en dernier ressort ou ac-
« quiescés, ni sur des arrêts définitifs. — Les limites,
« en déterminant que le préfet ne peut élever le con-
« flit, avant que le renvoi de l'instance devant l'auto-

« rité administrative n'ait été préalablement demandé
« ou requis, et que le tribunal n'ait rendu un juge-
« ment sur sa compétence ; en lui interdisant de l'é-
« lever devant le tribunal saisi de l'affaire, s'il a laissé
« écouler le délai de quinzaine depuis la réception du
« jugement ; en établissant les mêmes règles sur l'ap-
« pel ; en rendant l'instruction des conflits plus con-
« centrée, plus complète, plus rapide ; en permettant
« aux tribunaux de passer outre au jugement du fonds,
« si, dans l'espace d'un mois (plus exactement quarante
« jours) il n'était pas statué sur le conflit et en attachant
« ainsi une sorte de sanction à l'observation des délais,
« dans une matière où la suspension de la justice est
« le plus grand mal qui puisse affecter l'ordre public
« et l'intérêt des particuliers. »

La commission avait, on l'a dit plus haut, exprimé
l'avis que la matière fût réglée par une loi. Le gouvernement pressé, disent quelques auteurs, par l'opinion
publique qui avait hâte de voir comblée la lacune qui
existait à cette époque dans la législation sur les conflits,
avait préféré l'ordonnance à la loi. En 1835, le gouvernement de Juillet, s'inspirant du vœu des membres de
la commission de 1828, fit préparer un projet de loi par
le conseil d'État. Mais, pour un motif que nous ne con-
naissons pas, le projet de loi ne fut pas présenté aux chambres, et l'on resta sous l'empire de l'ordonnance de 1828.

En 1848, à l'avénement du gouvernement républicain, un grave changement fut apporté dans la législation des conflits. L'art. 89 de la constitution du

4 novembre 1848, portait que dorénavant les conflits d'attribution entre l'autorité administrative et l'autorité judiciaire seraient réglés par un tribunal spécial composé de membres de la cour de cassation et de conseillers d'État, désignés tous les trois ans en nombre égal par leur corps respectif.

On n'avait voulu donner la prédominance ni au conseil d'État ni à la cour de cassation; aussi avait-on appelé à présider le tribunal, le ministre de la justice, représentant à la fois de l'autorité judiciaire et du pouvoir exécutif.

L'art. 61 de la loi organique du conseil d'État (loi des 15-27 janvier, 3-8 mars 1849) portait au chiffre de quatre le nombre des conseillers d'État et des conseillers à la cour de cassation qui devaient former le tribunal des conflits.

Le même article portait qu'un règlement d'administration publique organiserait le tribunal des conflits. Ce règlement fut rendu les 26-28 octobre 1849.

Un ministère public était établi près le tribunal des conflits. Deux maîtres des requêtes, commissaires du gouvernement près le conseil d'État, et deux avocats généraux à la cour de cassation, désignés chaque année par le président de la république, étaient chargés de ces fonctions. Les rapports devaient être faits par écrit et lus en séance publique. Ensuite, les avocats des parties et le ministère public étaient entendus. Le règlement tranchait enfin diverses questions relatives à la procédure et aux délais.

La loi des 4-8 février 1850 est venue confirmer ces dispositions et leur donner force de loi.

C'est au mois de mars 1850 que le tribunal des conflits a commencé à siéger; pendant cette année et pendant l'année 1851, il a eu à statuer sur 118 conflits, soit positifs, soit négatifs; il a eu à trancher de nouveau la plupart des questions de compétence sur lesquelles la jurisprudence du conseil d'État s'était plus ou moins fixée, et, à très-peu d'exceptions près, il s'est associé à cette jurisprudence, même sur les points qui avaient donné lieu à dissidence entre le conseil d'État et la cour de cassation. L'existence du tribunal des conflits a donc produit de bons et utiles résultats, ne fût-ce qu'en mettant définitivement hors de toute controverse certaines solutions qui sont désormais acquises à la doctrine comme à la pratique.

Malgré ces services incontestables, ce tribunal ne survécut pas au gouvernement républicain. L'article 1er du décret organique du conseil d'État du 25 janvier 1852, rendit au conseil d'État la mission de statuer sur les conflits d'attributions entre l'autorité administrative et l'autorité judiciaire. Aujourd'hui, comme avant 1849, c'est donc au chef de l'État qu'appartient la décision des conflits, sur l'avis du conseil d'État. Nous en sommes revenus à l'ordonnance de 1828, qui, encore aujourd'hui, régit la matière des conflits.

Jusqu'ici nous n'avons envisagé qu'un des points de vue de la question. Nous avons toujours supposé un empiétement de l'autorité judiciaire sur l'autorité administrative. Mais il peut se faire que l'autorité administrative elle-même se permette d'empiéter sur l'autorité judiciaire. Qu'arrivera-t-il dans cette hypothèse qui peut assurément se présenter? De même que l'administration peut revendiquer les affaires administratives pendantes devant les tribunaux, l'autorité judiciaire peut-elle, de son côté, revendiquer pour elle la connaissance d'une affaire de sa compétence portée devant l'autorité administrative. En un mot, l'autorité judiciaire pourra-t-elle, dans ce cas, élever le conflit?

Il semblerait, au premier abord, que cette question devrait être résolue par l'affirmative. Il semble, en effet, que ce serait une conséquence nécessaire de la séparation des pouvoirs. Si vous donnez à l'un des deux pouvoirs des garanties qui assurent son indépendance, en lui permettant de recourir au chef commun, accordez à l'autre pouvoir les mêmes garanties, et donnez-lui les mêmes facultés de recours.

On doit néanmoins adopter la négative sur cette question. Aucune loi, en effet, n'accorde à l'autorité judiciaire un pareil pouvoir, qui ne saurait se donner par analogie ou par interprétation. De plus, l'administration étant entre les mains et à la discrétion du gouvernement, celui-ci ne lui permettrait pas d'empiéter sur l'autorité judiciaire, qui, en somme, est son plus ferme soutien.

Du reste, la jurisprudence du conseil d'État, qui est aujourd'hui fixée dans ce sens, a varié sur la question. Nous citerons deux décisions en sens contraire.

Dans la première, il s'agissait de difficultés qui s'étaient élevées entre la régie des domaines nationaux et le sieur Gillet, fermier d'un moulin national, à Morteau, relativement à la liquidation du fermage. Le sieur Gillet prétendait que l'État était son redevable en raison des réparations et du chômage de l'usine; la régie avait arrêté un décompte qui le constituait débiteur, et l'administration centrale du département des Forêts avait approuvé ce décompte. Pour échapper aux effets de la contrainte qui le menaçait, le sieur Gillet se pourvut devant le tribunal de première instance qui déclara l'État redevable; le préfet prit alors un arrêté de conflit qui fut confirmé par un décret du 29 juin 1811, motivé comme il suit: ...« Considérant « que le tribunal de Neufchâteau a excédé ses pou- « voirs en procédant à la liquidation du fermage du « sieur Gillet, puisqu'il existait déjà un arrêté de l'ad- « ministration centrale du département des Forêts qui « réglait ce décompte; *que ce tribunal, s'il se croyait* « *compétent, n'avait pas d'autre voie que celle du conflit,* « *pour retenir la connaissance de la contestation ;* etc. »

Le Conseil d'État reconnaissait donc à cette époque le droit pour les tribunaux judiciaires d'élever le conflit.

Quelques années plus tard, la question se présenta de nouveau; elle fut résolue en un sens opposé, et nous ne croyons pas que le conseil d'État ait changé d'opinion depuis ce moment.

Des fonds appartenant à la succession d'un sieur
Chalette, ancien géomètre du cadastre, étaient déposés chez le directeur des contributions directes du
département de la Manche. Le sieur Delamarre et plusieurs autres particuliers, se disant créanciers du sieur
Chalette, firent pratiquer, sur les deniers déposés, une
saisie-arrêt que le tribunal de Saint-Lô déclara valable
par jugement du 27 septembre 1819. Cependant, plusieurs géomètres de seconde classe qui avaient tra-
vaillé sous les ordres du sieur Chalette, se pourvurent
auprès du préfet de la Manche pour obtenir, par privilége, le payement de leurs travaux sur les sommes provenant des rétributions allouées par l'État au géomètre
en chef. Le préfet fit droit à leur demande, par arrêté
du 7 février 1820. Les sieurs Delamarre et consorts re-
vinrent devant le tribunal de Saint-Lô, pour faire déclarer qu'ils seraient payés par préférence aux créanciers indiqués dans l'arrêté du préfet, ou tout au moins
en concurrence avec eux. Le tribunal rendit, le 16
janvier 1821, un jugement par lequel il déclarait
élever le conflit. Le ministre de la justice soumit cette
affaire à la délibération du conseil d'État, par la voie
d'un rapport au roi transmis au comité du contentieux,
comme pour les cas de conflits élevés par les préfets.
Le conseil d'État rendit sa décision à la date du 3 juillet 1822 : « Considérant, y est-il dit, *que, aux termes de*
« *l'arrêté du 13 brumaire an X, le conflit ne peut être*
« *élevé que par les préfets*, et que, dans l'espèce, le pré-
« fet du département de la Manche ne l'a point élevé ;

« que, si le tribunal de Saint-Lô, par son jugement du
« 16 janvier 1821, a déclaré élever le conflit contre le
« susdit arrêté du préfet, ce jugement ne peut être
« annulé que par les tribunaux supérieurs, à la
« requête soit des parties, soit du procureur géné-
« ral..., etc. »

Nous le répétons donc, nous ne croyons pas possible
d'accorder aux tribunaux le droit d'élever le conflit
contre l'administration. Et que l'on ne dise pas que
cette opinion laisse les tribunaux sans défense contre
les empiétements de l'autorité administrative; il n'en
est rien. Le gouvernement lui-même aura tout intérêt
à ne pas tolérer ces empiétements. Et d'ailleurs, ainsi
que le fait remarquer M. Boulatignier, « si les tribu-
« naux ne peuvent eux-mêmes, dans l'intérêt de leurs
« attributions, déférer au roi, en conseil d'État, les
« actes de l'administration qui empiètent sur le do-
« maine de l'autorité judiciaire, ce droit appartient,
« d'après la loi des 7-14 octobre 1790, à toute partie
« intéressée; il s'applique aux actes de toute autorité
« administrative quelconque, et il peut s'exercer dans
« les formes et avec les garanties établies pour les af-
« faires contentieuses. »

Ces notions générales sur la nature et l'origine des
conflits une fois posées, nous pouvons maintenant
aborder l'étude des détails de la matière.

III. — Législation actuelle.

On appelle conflit, dit M. Boulatignier, « la difficulté
« qui résulte de ce que l'autorité judiciaire et l'auto-
« rité administrative déclarent respectivement, soit
« leur compétence, soit leur incompétence, pour con-
« naître d'une même affaire. Dans le premier cas, le
« conflit prend le titre de conflit positif d'attributions,
« dans le second, celui de conflit négatif d'attribu-
« tions. »

Nous avons à étudier ces deux sortes de conflits. Le
plus important des deux, celui qui se présente le plus
souvent dans la pratique des affaires, est sans contredit
le conflit positif. C'est par lui que nous commencerons.

A. DU CONFLIT POSITIF.

On peut le définir ainsi: l'acte par lequel l'administration revendique la connaissance d'une affaire dont
l'autorité judiciaire se trouve saisie.

Plusieurs questions se posent à ce sujet :

1° Quelles sont les conditions générales de l'existence du conflit positif?

2° Quelles sont les matières qui peuvent donner
lieu au conflit, et les juridictions devant lesquelles il
peut être élevé?

3° Par qui le conflit peut-il être élevé.

4° A quel moment le conflit peut-il être élevé ?

5° Quelles sont les formalités qui doivent précéder l'arrêté de conflit?

6° Quelles sont les formalités qui doivent l'accompagner?

7° Règlement du conflit positif.

8° Quel est le caractère et quels sont les effets des décisions qui statuent sur les conflits ?

1° *Conditions générales de l'existence du conflit.*

Pour qu'il y ait lieu à conflit, c'est-à-dire à statuer sur une lutte, une contestation entre l'autorité judiciaire et l'autorité administrative, trois conditions sont nécessaires.

Il faut d'abord que l'autorité judiciaire soit incompétente, et incompétente *in genere*. Il ne suffirait pas, par exemple, que le tribunal judiciaire fut incompétent, si tel autre du même ordre était compétent. Dans ce cas-là, il ne s'agit plus d'un conflit d'attributions. L'administration n'a pas à intervenir pour revendiquer au profit de telle ou telle autorité judiciaire la compétence qu'usurperait une autre autorité du même ordre. Il y a là un conflit de juridiction, dans lequel l'administration, quelque intéressée qu'elle puisse y être, n'a rien à voir, et qui ne peut être vidé que par l'autorité judiciaire supérieure aux deux autorités rivales.

Mais il ne suffit pas que l'autorité judiciaire soit incompétente, il faut encore que l'autorité administrative soit compétente. L'article 9 de l'ordonnance de 1828 porte, en effet, que l'arrêté par lequel le préfet élèvera le conflit, *revendiquera* la cause. Il ne suffit donc pas de dire à l'autorité judiciaire : Vous n'êtes pas compétente; il faut avoir à revendiquer la question pour l'autorité administrative.

De ce principe, nous avons immédiatement à tirer une conséquence. Puisque, pour qu'il y ait lieu à conflit, il faut qu'il s'agisse pour l'administration de revendiquer à son profit la connaissance d'une question, il suit de là que si deux autorités administratives revendiquent la connaissance d'une même affaire, ce n'est pas par un arrêté de conflit que la difficulté peut être tranchée. Il n'y a pas là d'empiétement à craindre de la part de l'autorité judiciaire.

Ainsi, un préfet ne peut élever le conflit contre un arrêté de conseil de préfecture, sous prétexte que ce conseil aurait statué sur une question qui ne rentrait point dans ses attributions ; par exemple, parce qu'il aurait prononcé sur une question de remise ou modération en matière de contributions directes, lorsque le préfet aurait déjà statué sur cette même question, dont la connaissance lui est réservée par la loi.

Dans des cas analogues, ce sera au supérieur hiérarchique à statuer entre les deux autorités administratives.

Il en sera de même, dans le cas où un conseil de préfecture se serait déclaré compétent pour une affaire du ressort de l'autorité judiciaire. Ce ne serait pas par la voie du conflit, que l'on pourrait arriver en ce cas au règlement des compétences.

Il ne suffirait pas non plus que l'intérêt de l'administration fût engagé dans la cause; elle doit puiser son droit dans la loi. Nous verrons plus bas, par exemple, que le défaut d'autorisation de poursuites exercées contre un agent du gouvernement ne pourrait pas servir de base à un conflit.

Une dernière condition est nécessaire pour l'existence du conflit. Il faut que l'autorité judiciaire ait été mise à même de se prononcer sur sa compétence, et que, sur la revendication qui lui est faite de l'affaire par l'autorité administrative, elle ait refusé de se dessaisir.

Cela résulte de la nature même et du caractère du conflit. « Le conflit, dit M. Reverchon, c'est la contra-
« diction, c'est la lutte, et dans le sens spécial qui nous
« occupe, c'est la lutte entre l'autorité judiciaire et
« l'autorité administrative; son existence même est
« donc, avant tout, subordonnée au refus que fait l'au-
« torité judiciaire de se dessaisir d'une contestation re-
« vendiquée par l'autorité administrative, et de là il
« suit que, si l'autorité judiciaire n'est pas appelée à
« statuer sur sa propre compétence, il peut bien y
« avoir évocation, il n'y a pas conflit. »

2° Des matières qui peuvent donner lieu au conflit, et des juridictions devant lesquelles il peut être élevé.

Il eût été presque impossible aux auteurs de l'ordonnance de 1828, d'énumérer et de définir les matières qui pouvaient donner lieu au conflit. Ayant imposé aux préfets l'obligation d'insérer dans leurs arrêtés les textes formels de la législation sur lesquels ils appuient leur revendication, ils ont compris que leur but était suffisamment rempli.

Mais afin d'éviter certaines difficultés, et surtout pour calmer certaines appréhensions, ils ont pris soin d'éliminer quelques matières qui, dorénavant, ne pourraient plus donner lieu au conflit, quelques juridictions devant lesquelles le conflit ne pourrait être élevé.

Art. 1er. « *A l'avenir, le conflit d'attribution entre les tri-* « *bunaux et l'autorité administrative ne sera jamais élevé* « *en matière criminelle.* »

Pour bien comprendre le sens et la portée de cet article, quelques renseignements historiques sont nécessaires. Puisque l'ordonnance statue pour l'avenir, il est à croire qu'avant elle, le conflit avait pu être élevé en matière criminelle.

En effet, il y avait eu, sur ce point, de graves abus. A l'époque du Directoire, l'administration faisait fréquemment intervenir le conflit en matière criminelle. Cela se présentait surtout dans les affaires relatives aux émigrés, aux déserteurs et aux prêtres déportés. Les émigrés, traduits devant des commissions militaires, étaient souvent renvoyés absous. Le gouvernement, qui s'alarmait de la réaction pouvant résulter de la présence des prêtres et des nobles, voyait dans ces jugements une atteinte à la sûreté publique;

aussi ne se fit-il pas faute d'annuler ces décisions, sous prétexte que les commissions militaires avaient pour unique mission de constater l'identité des personnes, et que le délit d'émigration était de la compétence de l'administration. Il en était de même pour les cas de désertion ; le Directoire annulait les actes du jury qui prescrivaient la mise en liberté des déserteurs ; et cela, en se fondant sur le même motif que nous venons de rapporter pour le cas d'émigration. Nous pourrions citer bien d'autres cas où le gouvernement de ces temps de troubles et d'arbitraire, abusa singulièrement de l'arme du conflit.

Sous le Consulat, ces abus devinrent plus rares. On ne fit plus guère usage du conflit, en matière criminelle, que dans le cas de poursuites dirigées sans autorisation préalable contre les agents du gouvernement.

En 1828, l'abus avait donc presque totalement cessé. On était sous un gouvernement calme et régulier, et il semblait qu'on y fût pour longtemps. Il était donc peu à craindre que le gouvernement fût tenté de ressaisir une arme usée et vermoulue. Néanmoins, pour calmer toute espèce d'inquiétude, la commission estima qu'il valait mieux renoncer complétement au droit lui-même ; ce fut là la cause de l'article 1ᵉʳ de l'ordonnance.

Il importe maintenant d'en bien préciser le sens. Faut-il l'entendre en ce sens que, non-seulement l'administration ne pourra jamais revendiquer la connaissance du fait criminel, mais encore que lors même qu'une question préjudicielle de la compétence administrative se présentera dans un procès criminel, l'administration ne pourra pas, par la voie du conflit, revendiquer la connaissance de cette question? Il nous semble de toute évidence, et la rédaction de l'art. 1er ne permet pas d'en douter, que c'est dans le sens de l'affirmative qu'il faut entendre cette disposition. En effet, sauf quelques exceptions fort rares, la répression des crimes n'est pas confiée à l'autorité administrative. L'article n'a donc de valeur réelle que si on l'interprète en ce sens que, même dans le cas d'une question préjudicielle de la compétence administrative soulevée dans un procès criminel, il ne pourra y avoir lieu à conflit.

Cela veut-il dire qu'il ne peut pas y avoir, dans un procès criminel, de questions préjudicielles de la compétence administrative? Évidemment non. Cela veut dire seulement que, même s'il en existe, le conflit ne pourra pas être élevé; c'est aux tribunaux eux-mêmes à les reconnaître et à surseoir jusqu'à ce qu'elles aient été vidées par qui de droit. Quelques auteurs ont néanmoins soutenu que l'interdiction absolue du conflit en matière criminelle n'était pas l'abandon d'un droit appartenant à l'administration, mais la reconnaissance du principe, incontestable selon eux, que les procès criminels ne peuvent jamais entrer dans la compétence administrative. M. Duvergier, dans ses notes sur l'ordonnance de 1828, a réfuté cette opinion; qu'il nous soit permis d'emprunter ses paroles :

« L'art. 1er de l'ordonnance de 1828 semble consacrer

« le système que, les procès criminels ne pouvant, sous
« aucun rapport, rentrer dans la compétence adminis-
« trative, jamais il ne devrait y avoir de conflit en pareil
« cas ; mais il ne faut pas entendre sa disposition en ce
« sens que jamais dans un procès criminel il ne peut
« s'élever une question de la compétence administra-
« tive. Ainsi, un comptable public, poursuivi pour dila-
« pidation de sa caisse, qui prétend qu'avant de pronon-
« cer sur l'accusation, il y a lieu d'examiner la question
« préjudicielle de savoir s'il est réellement en débet, qui
« demande à faire régler sa comptabilité, peut exiger
« qu'il soit sursis aux poursuites judiciaires, pour faire
« statuer sur ses comptes par l'administration, et être
« ensuite, sur le vu de la décision administrative,
« prononcé sur sa culpabilité. »

M. Duvergier fait ici allusion à la célèbre affaire
Fabry, dans laquelle la cour de cassation reconnut que
le conseil de guerre avait violé les règles de la compétence en condamnant ce comptable avant la vérification
de ses comptes par l'administration. (Arrêt de cassation
du 15 juillet 1819.)

Ainsi, le but de l'ordonnance est bien clair. Elle a
voulu, non pas établir que des questions préjudicielles
de la compétence administrative ne peuvent jamais
se présenter dans un procès criminel, mais afin d'éviter, pour l'avenir, les abus que l'on pourrait faire des
conflits dans de pareilles circonstances, elle a décidé
que, même dans le cas de questions préjudicielles, le
conflit ne pourrait plus être élevé. Quelles seront donc

alors les garanties soit pour le prévenu qui peut avoir intérêt à ce que la question soit vidée par l'administration, soit pour la société tout entière qui est intéressée à ce que l'une des deux autorités n'empiète pas sur l'autre ? L'ordonnance s'en est rapportée sur ce point à la sagesse et à l'équité de la magistrature. Sur la demande de l'accusé ou du ministère public, ou même d'office, les cours d'assises renverront à l'administration l'examen de la question préjudicielle et surseoiront à statuer jusqu'après la décision administrative. Nous croyons même que la cour suprême verrait un moyen de cassation dans le fait par la cour d'assises d'avoir retenu pour elle la connaissance d'une question du ressort de l'autorité administrative.

Du reste, comme le fait remarquer M. Taillandier (1), l'abandon du droit d'élever le conflit en pareille matière devait d'autant moins coûter à l'administration, qu'en fait c'est uniquement sur la plainte de l'administration que la chambre des mises en accusation et ensuite la cour d'assises peuvent être saisies. Si l'administration ne se plaint pas, l'action criminelle n'est pas exercée.

Une question plus délicate nous reste à décider. Nous venons de voir que le conflit ne peut pas être élevé en matière criminelle dans le cas même où il se présenterait une question préjudicielle de la compétence de l'administration. Mais l'on peut se demander quelle serait la décision à rendre dans le cas où à l'action criminelle serait jointe une action civile en réparation du

(1) Commentaire sur l'ord. de 1828, p. 119.

tort causé par le crime, si cette action civile était de la compétence administrative ? Doit-on dire que la défense d'élever le conflit s'étend même au cas où la partie lésée par le crime userait du droit de joindre son action civile en réparation à l'action criminelle intentée par le ministère public, alors même que l'action en réparation, prise isolément, serait de la compétence administrative ? Ou bien, est-il permis de décider que, dans une pareille circonstance, le conflit peut être élevé ?

La rédaction de l'art. 1er de l'ordonnance prête à l'une ou l'autre interprétation. Ce n'est donc pas dans le texte même que nous devons chercher une solution. Le conseil d'État, non plus, n'a pas eu à vider cette question. Nous en sommes réduits à des arguments d'analogie.

Et d'abord, il n'est pas douteux que, si les deux actions n'étaient pas jointes, si la réparation du dommage n'était poursuivie qu'après le jugement du crime, ou après l'extinction de l'action publique par le décès du coupable, et si, d'ailleurs, la connaissance de l'action civile était attribuée par la loi à l'administration, celle-ci pourrait, au besoin, élever le conflit pour la revendiquer. L'action criminelle et l'action civile sont, dans ce premier cas, deux affaires distinctes ; la solution de l'une ne préjuge pas la solution de l'autre. La poursuite en réparation est une simple poursuite civile, qui ne peut se résoudre qu'en dommages-intérêts. Rien n'empêche que le conflit ne puisse être élevé.

Pourquoi donc faire une différence entre les deux

cas, entre le cas où les deux actions ne sont pas jointes, et le cas où elles sont réunies ? Quant à nous, il nous semble que dans le second cas comme dans le premier, il y a deux affaires distinctes, nées du même fait, pouvant être réunies, mais pouvant aussi être séparées.

Quoique portées devant la même juridiction, l'action criminelle et l'action civile n'en constituent pas moins deux actions distinctes. Et l'on ne peut pas dire de ce que l'action civile est accidentellement jointe à l'action publique, qu'elle constitue pour cela une matière criminelle.

Nous croyons donc que le conflit peut être élevé par l'administration, sur l'action civile, qu'elle soit jointe ou non à l'action criminelle.

Le conseil d'État n'a pas eu à s'expliquer sur la question, du moins en matière criminelle. Mais en matière correctionnelle, où le conflit ne peut, aux termes de l'art. 2 de l'ordonnance de 1828, porter que sur les questions préjudicielles, ou bien sur les délits dont la répression est attribuée à l'autorité administrative, le tribunal des conflits a décidé que le conflit peut être élevé sur l'action civile jointe à l'action publique, encore bien qu'il ne s'agit là ni de l'un ni de l'autre des deux cas limitativement prévus par cet article, et que, par suite, l'interdiction semblât être alors exactement la même qu'en matière criminelle. Le tribunal des conflits s'appuyait principalement sur ce que l'action civile ne constituait pas une matière cor-

rectionnelle (déc. du trib. des conflits du 17 avril 1851.)
La solution du tribunal des conflits peut donc nous
guider dans la solution à donner, lorsque le même fait
se représente en matière criminelle. Les mêmes motifs
y sont applicables.

Art. 2. — « *Il ne pourra être élevé de conflit en matière*
« *de police correctionnelle que dans les deux cas suivants :*
« *1° Lorsque la répression du délit est attribuée, par*
« *une disposition législative, à l'autorité administrative ;*
« *2° Lorsque le jugement à rendre par le tribunal dé-*
« *pendra d'une question préjudicielle dont la connaissance*
« *appartiendrait à l'autorité administrative en vertu d'une*
« *disposition législative.*
« *Dans ce dernier cas, le conflit ne pourra être élevé que*
« *sur la question préjudicielle.* »

La forme de cette rédaction semblerait indiquer
qu'en principe le conflit n'est pas admis en matière de
police correctionnelle, et que les deux cas qui sont
énumérés dans l'article ne sont là qu'à titre d'exception. Mais, en réalité, il est difficile de concevoir
d'autres hypothèses dans lesquelles l'administration
aurait sacrifié le droit de conflit. En effet, d'un côté,
toutes les fois que la répression du délit lui est attribuée
par une disposition législative quelconque, elle peut
élever le conflit : et d'un autre côté, elle le peut encore, toutes les fois que la solution à rendre par le
tribunal dépend de la solution d'une question dont la
connaissance est attribuée à l'autorité administrative.

En dehors de ces deux cas, nous le répétons, nous ne voyons pas quel pourrait être l'intérêt de l'administration à élever le conflit. L'ordonnance réserve donc à l'administration, ainsi que le fait remarquer justement M. Boulatignier, tout ce que celle-ci pouvait avoir droit et intérêt à se réserver dans les affaires correctionnelles.

En premier lieu, l'administration pourra élever le conflit, lorsque la répression du délit lui aura été attribuée par une disposition législative.

L'ordonnance emploie à dessein ces mots : *disposition législative*, au lieu de ceux de *loi*, afin de ne pas paraître remettre en question les attributions que l'autorité administrative tiendrait d'actes du pouvoir exécutif, notamment de décrets impériaux que l'on pourrait considérer comme ayant empiété sur le pouvoir législatif. La cour de cassation a reconnu force législative à ceux de ces décrets qui n'ont pas été attaqués pour cause d'inconstitutionnalité, par le sénat, dans les dix jours de leur publication, conformément à la constitution du 28 floréal an XII ; le silence du sénat a été censé couvrir la nullité de ces actes.

Les cas où la répression directe d'un délit a été confiée à l'administration ne sont pas très-nombreux. D'après les lois et règlements en vigueur, c'est à l'administration qu'appartient la répression des contraventions : en matière de grande voirie (ce qui comprend les routes impériales et départementales, les routes stratégiques, les prolongements de grandes routes

dans l'intérieur des villes, les chemins de fer, les ri-
vières et canaux navigables et flottables, les chemins
de hâlage, les ports de commerce et leurs dépendances, les rues de Paris); en matière de police de
roulage; en matière de mines et carrières; en matière
de servitudes militaires.

En second lieu, le conflit peut être élevé en matière
correctionnelle, lorsque le jugement à rendre dépend
d'une question préjudicielle dont la connaissance appartient à l'autorité administrative en vertu d'une disposition législative; seulement il est bien clair qu'alors
le conflit ne peut porter que sur cette question préjudicielle. Ici les cas de revendication sont beaucoup
plus nombreux. Ainsi, un particulier prévenu d'un délit
quelconque prétend avoir agi par ordre de l'administration. Il y a là une question préjudicielle. Le tribunal
judiciaire devra renvoyer devant l'administration pour
constater l'existence et la portée des ordres sur lesquels s'appuie le prévenu. Le cas se présente fréquemment en matière de travaux publics pour occupations
de terrains, fouilles et recherches sur des propriétés
privées. Dans ces différentes hypothèses, il y aurait
lieu à conflit, si le tribunal n'obtempérait pas à la revendication administrative. (Ord. 24 juillet 1845. —
Ord. 28 avril 1840. — Ord. 28 mai 1846. — Ord. 30
mai 1842. — Ord. 28 août 1844.)

Quoique l'ordonnance ne s'explique pas sur ce point,
nous avons déjà dit que le conflit pouvait encore être

élevé pour revendiquer, dans une affaire correctionnelle, l'action civile qui se trouverait jointe à l'action publique, si, du reste, la connaissance de cette action civile appartenait à l'autorité administrative. (Décision du tribunal des conflits, du 17 avril 1851.)

Art. 3. — « *Ne donneront pas lieu au conflit :*
« *1° Le défaut d'autorisation, soit de la part du gou-*
« *vernement lorsqu'il s'agit de poursuites dirigées contre*
« *ses agents, soit de la part du conseil de préfecture lors-*
« *qu'il s'agit de contestations judiciaires dans lesquelles*
« *les communes ou les établissements publics seront par-*
« *ties ;*
« *2° Le défaut d'accomplissement des formalités à rem-*
« *plir devant l'administration préalablement aux pour-*
« *suites judiciaires.* »

Avant d'examiner quels furent les motifs de la commission pour interdire le conflit dans les cas énumérés par cet article, il importe de nous rendre compte des différentes hypothèses qu'ils comprennent.

Le premier cas est relatif à l'autorisation de poursuites contre les agents du gouvernement. Nous avons vu que, d'après l'art. 75 de la constitution de l'an VIII, encore en vigueur aujourd'hui, les agents du gouvernement, autres que les ministres, ne peuvent être poursuivis pour des faits relatifs à leurs fonctions, qu'en vertu d'une décision du conseil d'État. Notre article décide que l'omission de cette autorisation ne peut pas donner lieu à conflit.

Lorsqu'une commune ou une section de commune veulent intenter une action en justice, aux termes des articles 49 et 50 de la loi du 18 juillet 1837, elles doivent se faire autoriser par le conseil de préfecture à chaque degré de juridiction, sauf, si l'autorisation est refusée par le conseil de préfecture, à se pourvoir devant le conseil d'État. Il en est de même pour les actions à intenter par les établissements publics. Dans ces deux espèces, le défaut d'autorisation du conseil de préfecture ne peut pas donner lieu à conflit.

Aux termes des articles 51 et 54 de la loi du 18 juillet 1837, quiconque voudra intenter une action contre une commune ou section de commune, sera tenu d'adresser préalablement au préfet un mémoire exposant les motifs de sa réclamation. A défaut de décision du conseil de préfecture dans le délai de deux mois, l'action pourra être intentée même sans autorisation. Encore, dans ce cas, le défaut d'accomplissement de cette formalité préalable n'a pas paru tirer assez à conséquence pour qu'il pût y avoir lieu au conflit.

Enfin, aux termes de la loi du 28 octobre-5 novembre 1790, art. 15, titre III, quiconque veut intenter une action contre l'État, doit également adresser au préfet un mémoire faisant connaître l'objet et les motifs de sa demande, qui ne peut être introduite devant les tribunaux qu'un mois après la remise de ce mémoire. L'omission de ce mémoire ne donne pas lieu non plus au conflit.

Pendant longtemps, l'arme du conflit fut employée

par l'administration pour défendre ses agents contre les poursuites judiciaires. Le Directoire, en particulier, fit un fréquent usage du conflit en cette matière. A ses yeux, la question de savoir s'il y avait lieu d'autori... les poursuites constituait une question préjudicielle, dont la revendication ne pouvait être négligée, sans compromettre l'indépendance de l'administration. Un grand nombre de décisions prouvent que la règle constitutionnelle qui interdisait aux tribunaux de citer devant eux les administrateurs à raison de leurs fonctions, était entendue en ce sens que l'administration pouvait et devait arrêter par le conflit un procès commencé contre un de ses agents sans son autorisation.

Sous le Consulat et l'Empire la même règle fut constamment admise. Ce ne fut qu'à partir de la Restauration que le conseil d'État arriva à penser que le défaut d'autorisation ne constituait qu'une exception qui devait être présentée devant les tribunaux judiciaires, et que le conflit, appliqué à ces matières, avait été détourné de son véritable but. Dans l'opinion du conseil d'État, l'autorisation ne constituait pas à proprement parler une question préjudicielle ; la répression du crime ou du délit appartenant à l'autorité judiciaire, c'était aux parties à se prévaloir de l'exception qui pouvait résulter pour elles du défaut d'autorisation ; mais l'administration n'avait pas à intervenir dans le procès, puisqu'elle n'y pouvait revendiquer aucune question de sa compétence. D'ailleurs, on devait trouver des garanties de l'observation de ces règles dans l'intérêt même des parties et dans l'équité de la magistrature. A supposer que le tribunal ait négligé de solliciter l'autorisation, la défense aura soin de s'en prévaloir; le ministère public lui-même devrait relever une pareille omission. Enfin une dernière ressource restait dans la cour de cassation qui annulerait la procédure, et dans les peines portées par le Code pénal contre les juges qui, ayant permis ou ordonné de citer devant eux des administrateurs pour raison de l'exercice de leurs fonctions, auraient persisté dans l'exécution de leurs jugements ou ordonnances, nonobstant l'annulation qui en aurait été prononcée. (Art. 127. Code pénal.)

Toutes ces raisons, et surtout l'expérience qui montra qu'en fait on avait eu raison de compter sur la magistrature, déterminèrent la commission de 1828 à proclamer que le défaut d'autorisation de la part du gouvernement pour la poursuite de ses agents, ne pourrait plus donner lieu au conflit.

« La commission, dit M. Taillandier, pensa que le « défaut d'autorisation préalable ne saurait constituer « qu'une exception susceptible d'être proposée devant « le juge supérieur et d'entraîner l'annulation de la « procédure, mais qu'il ne pouvait jamais servir de « fondement au conflit. »

Les considérations que nous venons de présenter relativement à l'interdiction d'élever le conflit pour défaut d'autorisation de poursuites dirigées contre les agents du gouvernement, s'appliquent égale-

ment aux cas où une commune n'a pas été autorisée
à ester en justice, et où un particulier intentant une
action judiciaire contre l'Etat a négligé de remettre au
préfet le mémoire exigé par la loi des 28 octobre-5 novembre 1790. Il y a là, en effet, seulement omission
d'une formalité qui ne peut pas servir de base à un
conflit. Le conseil d'Etat, dès qu'il fut chargé du règlement des conflits, l'avait pensé ainsi. Malgré cela, les
auteurs de l'ordonnance ont cru devoir s'expliquer
formellement sur ce point; mais ils n'ont fait que trans-
former en règle précise des usages que la jurisprudence du conseil d'Etat avait déduits de la nature même
des choses.

Les principes posés par l'article 3 sont trop clairs
pour qu'ils aient pu donner lieu, dans la pratique, à de
véritables difficultés. Cependant, quelques conflits ont
encore été élevés, depuis 1828, sur les questions que
cet article prévoit, notamment en ce qui concerne la
garantie constitutionnelle. Ces conflits devaient être
et ont été annulés. (Voir ord. des 12 avril 1829, et 9
décembre 1845.)

Mais si, en pratique, il ne peut plus y avoir de
doutes, quelques auteurs, sans contester la sagesse
de la disposition qui a dicté l'art. 3, prétendent que, relativement à la garantie constitutionnelle, il y a là une
véritable question préjudicielle.

« Puisque, dit M. Reverchoh, puisque l'autorisation
« doit précéder la poursuite, puisque le refus d'autorisa-
« tion rend la poursuite impossible, n'y a-t-il pas là

« une question préjudicielle? D'ailleurs, décider si tel
« fonctionnaire est un agent du gouvernement dans le
« sens de l'art. 75, si les actes qui lui sont imputés
« rentrent ou ne rentrent pas dans l'exercice légal de
« ses fonctions, n'est-ce pas se livrer à des apprécia-
« tions essentiellement administratives et offrant la
« plus évidente gravité au point de vue de ces pré-
« rogatives, dont le conflit est destiné à assurer le
« maintien? Supposons qu'une jurisprudence judi-
« ciaire s'établisse, qui tranche ces questions dans
« un esprit systématiquement hostile à la garantie
« constitutionnelle; la marche du gouvernement et
« l'indépendance nécessaire de son action ne pourront-
« elles pas en être plus dangereusement compromises
« que ne le serait l'intérêt purement pécuniaire de
« l'État par une jurisprudence erronée qui s'établirait
« dans certaines matières fiscales ou de travaux pu-
« blics? »

Malgré l'autorité de M. Reverchon, nous persistons
à penser que les auteurs de l'ordonnance ont bien fait
d'interdire le conflit dans ce cas. Ils se sont inspirés
de la nature même du conflit. En effet, le conflit
ne peut avoir lieu que dans le cas où l'autorité judiciaire est incompétente pour juger une affaire dont
la décision est dans les attributions de l'autorité administrative. Or, l'absence d'autorisation du gouvernement ne peut pas dépouiller l'autorité judiciaire de sa
compétence pour connaître au fond de l'affaire et la
transporter à l'autorité administrative: celle-ci ne peut

donc pas la revendiquer. La preuve en est qu'une fois cette autorisation obtenue, l'agent du gouvernement est régulièrement poursuivi devant les tribunaux. L'omission ne constitue donc qu'une irrégularité, qui peut donner lieu à une exception à proposer par l'inculpé ou par le ministère public, ou à suppléer d'office par le tribunal. (1)

Nous venons de voir quelles sont les matières qui peuvent ou ne peuvent pas donner lieu au conflit ; nous avons maintenant à examiner devant quelles juridic-dictions il peut être élevé.

C'est surtout devant les tribunaux civils et les cours impériales que se présente le conflit. L'ordonnance de 1828 semble toujours supposer, dans chacune de ses dispositions, qu'il s'agit d'une instance portée soit devant un tribunal de première instance, soit devant une cour d'appel. Il n'y a donc pas là de difficultés, du moins en général.

Mais les articles 806, 807 et 808 du code de procédure civile ont organisé une juridiction spéciale qui, depuis, a pris une très-grande importance. Dans tous les cas d'urgence, y est-il dit, ou lorsqu'il s'agira de statuer provisoirement sur les difficultés relatives à l'exécution d'un titre exécutoire ou d'un jugement, la demande sera portée à une audience tenue à cet effet par le président du tribunal de première instance, ou par le juge qui le remplace, aux jour et heure indiqués par le tribunal. Si, néanmoins, le cas requiert cé-

(1) M. Serrigny, t. Ier, p. 189.

lérité, le président, ou celui qui le représentera pourra permettre d'assigner soit à l'audience, soit à son hôtel, à heure indiquée, même les jours de fêtes; et, dans ce cas, l'assignation ne pourra être donnée qu'en vertu de l'ordonnance du juge, qui commettra un huissier à cet effet. C'est là ce qu'on appelle la juridiction des référés.

On s'est demandé si le conflit pouvait être élevé devant le juge des référés. La question a une très-grande importance. La propriété privée, pour se défendre contre les atteintes qui sont fréquemment portées à ses droits par l'exécution des grands travaux publics, se sert souvent de la juridiction expéditive des référés.

Deux systèmes se sont fait jour sur cette question. Quelques auteurs ont soutenu que le conflit ne pouvait pas être élevé devant le juge du référé. Voici les arguments qui ont été employés à l'appui de ce système : 1° Et d'abord, a-t-on dit, l'ordonnance de 1828 ne parle que des tribunaux et des cours; le président du tribunal n'étant ni un tribunal ni une cour, on ne peut lui appliquer les prescriptions de l'ordonnance. 2° Le conflit, ajoute-t-on, et c'est un argument que nous verrons se reproduire dans d'autres questions, le conflit suppose l'intervention du ministère public, puisque, c'est à lui que doit être adressé le mémoire du préfet (art. 6), que c'est lui qui doit faire connaître au tribunal la demande du préfet (*ibid*) et adresser au préfet copie de ses conclusions et du jugement rendu sur la compétence (art. 7); autant de conditions qui ne pouront êtres remplies devant le juge du référé, puisqu'il n'y a pas de ministère public en référé. 3° Enfin, le conflit comporte l'observation de formes et de délais inconciliables avec la rapidité de la procédure des référés.

A ces arguments, les partisans de l'opinion adverse répondent : 1° L'ordonnance, en effet, ne parle que des tribunaux et des cours; mais on joue sur les mots, lorsqu'on dit que le président n'est ni un tribunal ni une cour et que par conséquent le conflit ne peut être élevé devant lui. Sans doute, le président n'est pas le tribunal, mais il a toute la juridiction du tribunal qui lui a été déléguée par la loi; ce n'est pas une juridiction exceptionnelle. Le préfet est donc devant la juridiction où il est autorisé à élever le conflit. 2° Quant à la raison qui consiste à dire que le conflit suppose l'intervention du ministère public, et qu'il n'y a pas de ministère public en référé, elle est aussi peu fondée que la première. Rien n'empêche que le procureur impérial assiste au référé. Il doit même y assister, lorsque l'État est en cause, la généralité des articles 83 et 112 du code de procédure civile comprenant les référés comme les causes ordinaires. 3° Quant aux formes et aux délais, introduits dans l'intérêt des justiciables, rien ne s'oppose à ce que le préfet abrège le maximum du temps accordé à l'administration pour revendiquer les questions qui lui paraissent être de sa compétence.

Du reste, cette dernière opinion a été confirmée par un avis du comité de législation du conseil d'État, du 3 mai 1844. En voici les termes :

« Considérant qu'il n'existe aucun obstacle à ce que

« le conflit soit élevé en référé; que le président
« d'un tribunal de première instance jugeant en
« référé n'exerce pas une juridiction exceptionnelle;
« qu'il exerce la juridiction ordinaire du tribunal dont
« l'autorité lui a été déléguée par la loi pour les
« cas d'urgence et l'exécution des titres parés; que dès
« lors l'administration, quand elle est citée en référé,
« se trouve devant la juridiction où le préfet est auto-
« risé à élever le conflit; que rien ne s'oppose à ce que
« le procureur du roi assiste au référé; qu'il doit y as-
« sister lorsque l'État est en cause, la généralité des
« art. 83 et 112 du Code de procédure civile compre-
« nant les référés comme les causes ordinaires; que
« le préfet devra, comme il ferait devant le tribunal de
« première instance, adresser son déclinatoire au pro-
« cureur du roi; que le président sera tenu de statuer
« sur le déclinatoire et d'ordonner lui-même, après
« l'arrêté de conflit, qu'il soit sursis à l'exécution; que
« les délais de l'ordonnance du 1er juin 1828, introduits
« dans l'intérêt des justiciables et comme maximum
« du temps laissé à l'administration pour revendiquer
« les questions qui lui paraissent de sa compétence, ne
« font pas obstacle à ce que le déclinatoire soit présenté
« et l'arrêté de conflit déposé au greffe le même jour,
« à ce que le préfet prenne connaissance de l'ordon-
« nance sur minutes, etc.

« Le comité est d'avis : 1° Que, quand l'administra-
« tion des travaux publics est citée en référé, elle
« ne peut empêcher l'exécution provisoire d'une or-

« donnance sur référé qu'en élevant le conflit dans les
« questions qui lui paraissent de la compétence admi-
« nistrative ; 2° que le conflit peut être régulièrement
« élevé devant le président du tribunal civil, qui exerce
« la juridiction même du tribunal par délégation de la
« loi ; que le préfet devra suivre les formes ordinaires,
« en renonçant toutefois à tous les délais incompati-
« bles avec la célérité des référés. »

Il va sans dire, au reste, que dans les deux opinions
on était d'accord pour admettre que le conflit pouvait
être élevé sur l'appel de l'ordonnance rendue en référé.

Il y a, outre les tribunaux civils et les cours impériales, d'autres juridictions devant lesquelles on pouvait se demander s'il était possible d'élever le conflit.
Nous voulons parler des justices de paix, des tribunaux
de commerce et de quelques autres. L'ordonnance de
1828 ne s'est pas expliquée formellement à ce sujet. Mais
il résulte de ses travaux que l'intention des rédacteurs
était d'interdire le conflit devant ces diverses juridictions. « Ce n'est point implicitement, dit M. Taillandier,
« que la commission a entendu bannir de la législation
« les conflits dans les matières où les juges de paix et
« les tribunaux de commerce prononcent en dernier
« ressort. Elle s'est livrée à une controverse animée sur
« cette grande question, et la majorité a pensé que les
« cas dans lesquels les juges de paix prononcent sans
« appel, sont trop minimes pour que le gouvernement
« ait un intérêt réel à en attirer à lui la connaissance ;
« et quant aux matières commerciales, la seule idée

« d'un conflit pourrait jeter la terreur parmi ceux qui
« se livrent à ces transactions si utiles pour la prospé-
« rité de l'État. »

Ce qui prouve encore mieux l'intention des rédacteurs, c'est que, dans l'avis qu'ils ont joint au projet
d'ordonnance, nous lisons ceci : « ... L'ordonnance
« proposée présente une utilité et des améliorations
« incontestables, puisqu'elle restreint les cas et les
« limites du conflit : les cas, en ne permettant plus de
« l'élever, comme par le passé....., ni sur les juge-
« ments de juges de paix, ni sur les jugements des
« tribunaux de commerce..... »

La jurisprudence du conseil d'État est conforme à
l'avis exprimé par les rédacteurs de l'ordonnance. Il
s'est appuyé sur les raisons qui avaient guidé la commission. Celle-ci avait organisé, en effet, un système
de formalités qui n'auraient pas pu être accomplies devant les juridictions dont nous parlons. L'ordonnance
suppose et exige l'intervention du ministère public. Or,
devant les juges de paix, statuant au civil, et devant
les tribunaux de commerce, il n'existe pas de ministère
public auquel, suivant les règles établies par l'ordonnance, le mémoire en déclinatoire du préfet puisse
être adressé, qui donne ensuite connaissance de déclinatoire au tribunal et présente ses conclusions, qui
puisse adresser au préfet, dans les cinq jours, le jugement
rendu sur le déclinatoire, communiquer l'arrêté de conflit au tribunal et requérir le sursis à toute procédure
judiciaire, prévenir les parties ou leurs avoués du dépôt

au greffe de l'arrêté préfectoral et des pièces, enfin, qui puisse informer le garde des sceaux de l'accomplissement des formalités prescrites, et lui transmettre toutes les pièces nécessaires pour le jugement du conflit.

Ces raisons sont excellentes pour le juge de paix statuant au civil. Aussi la jurisprudence du conseil d'État a-t-elle été promptement et nettement fixée. Une ordonnance du 11 janvier 1829 s'exprime ainsi : « Con-« sidérant que, d'après les règles et les formes pres-« crites par l'ordonnance du 1er juin 1828, le conflit ne « peut être élevé devant la justice de paix, etc... »

Depuis lors, la jurisprudence du conseil n'a pas varié.

Mais la question pouvait paraître plus délicate, lorsqu'il s'agissait d'un conflit élevé devant le juge de paix statuant comme juge de simple police. Là, en effet, il y a un ministère public, le commissaire de police. Néanmoins, le conseil d'État a pensé que le conflit ne pouvait pas être élevé. Une première ordonnance du 3 décembre 1828, statuant sur un conflit élevé en simple police, déclare en termes généraux que le conflit ne peut pas être élevé devant les justices de paix. Une seconde ordonnance du 16 juillet 1848, est plus explicite encore : « Considérant, y est-il dit, que, d'après « l'ordonnance royale du 1er juin 1828, le conflit ne « peut être élevé devant les tribunaux de simple police. »

La question ne saurait donc plus faire de doute aujourd'hui. Quelles sont les raisons qui ont décidé le conseil d'État à interdire le conflit en simple police?

Il a pensé que les matières soumises au juge de simple police n'étaient jamais assez importantes pour que l'administration eût un intérêt réel à revendiquer sa compétence ; que, d'ailleurs, ces magistrats étant amovibles, le gouvernement trouvait dans leur amovibilité une garantie pour le moins aussi considérable que le conflit, contre des empiétements de leur part ; et qu'enfin, il fallait tenir compte des circonstances qui avaient amené l'ordonnance de 1828, qu'il y avait alors nécessité de restreindre un droit dont on avait abusé, pour conserver le droit lui-même.

Pour les tribunaux de commerce, la difficulté ne s'est présentée que plus tard. Une ordonnance du 29 mars 1832 a décidé la question dans le sens de l'interdiction du conflit : « Considérant, y est-il dit, que l'ordon- « nance royale du 1er juin 1828 ne peut s'appliquer « aux tribunaux de commerce, près desquels il n'existe « pas de ministère public, et que ce n'est que devant la « cour royale sur l'appel, que peuvent être accomplies « les diverses formalités prescrites par les art. 6, 7, « 12, 13 et 14 de la dite ordonnance. »

On voit que les motifs qui avaient guidé le conseil d'État dans ses décisions relativement aux conflits élevés devant les juges de paix, l'ont également amené à proscrire le conflit devant les tribunaux de commerce.

Du reste, il ne faudrait pas appliquer l'interdiction du conflit aux matières commerciales en général. Elle n'est relative qu'aux tribunaux de commerce. Si une affaire commerciale, à défaut de tribunal de commerce dans la localité, était portée devant le tribunal civil, l'administration, si elle voyait dans l'affaire une question de sa compétence, pourrait parfaitement la revendiquer.

Quelques personnes ont trouvé que cette jurisprudence présentait de graves inconvénients. Elles ont prétendu que le juge de paix ou le greffier, ou le président du tribunal de commerce pourrraient parfaitement remplacer le procureur impérial dans les attributions qui sont confiées à ce magistrat par l'ordonnance de 1828. En effet, disent-elles, puisque le conflit pourra être élevé sur l'appel d'un jugement de juge de paix ou de tribunal de commerce, pourquoi ne pas permettre de l'élever au premier degré ? Un pareil système aggrave la condition des parties, en leur faisant faire des frais inutiles. Il vaut bien mieux, semble-t-il, que la difficulté soit résolue dès l'origine du litige ; la justice et les justiciables y trouveraient également leur avantage (1).

Ces considérations avaient frappé les rédacteurs du projet de loi de 1830, qui décidait que le déclinatoire serait adressé soit au président du tribunal de commerce, soit au juge de paix.

Malgré cela, nous persistons à croire que la jurisprudence du conseil d'État est conséquente avec les principes. Le pouvoir d'élever le conflit ne doit être donné à l'administration qu'en cas d'absolue nécessité, et lorsqu'elle n'a pas d'autre moyen de s'opposer aux empiétements de l'autorité judiciaire.

(1) Cette opinion est celle de M. Reverchon.

Les raisons qui ont amené la jurisprudence du conseil d'État sur les justices de paix et les tribunaux de commerce doivent nous dicter la même solution quant aux jurys d'expropriation et aux conseils de prud'hommes. Il n'y a pas, en effet, devant ces juridictions spéciales, de ministère public; et de plus, elles ne sont pas organisées de telle manière que l'accomplissement des formalités prescrites par l'ordonnance de 1828, soit possible devant elles.

La question nous paraît plus délicate, relativement aux conseils de guerre et aux tribunaux maritimes. Car ces juridictions ont un ministère public. Quoi qu'il en soit, si l'on admet que le conflit puisse être élevé devant ces juridictions, comme elles ne connaissent que de crimes ou de délits, il faudrait leur appliquer les articles 1 et 2 de l'ordonnance de 1828.

3° *Par qui le conflit peut-il être élevé ?*

Avant l'arrêté du 13 brumaire an X, qui chargea les préfets d'élever le conflit, le mode en était fort incertain.

Sous le Directoire, c'étaient tantôt les administrations centrales de département qui revendiquaient formellement les affaires de leur compétence, tantôt de simples particuliers qui dénonçaient au ministre de la justice les jugements qui leur paraissaient empiéter sur l'autorité administrative, tantôt des arrêtés des administrations locales qui interdisaient aux particuliers de se conformer aux décisions judiciaires. L'abus était flagrant.

Lorsque le jugement des conflits fut transféré au conseil d'État par l'arrêté du 5 nivôse an VIII, on put croire qu'il y aurait plus de régularité. Il n'en fut rien. Le conseil regardait le conflit comme constitué, par la contrariété de deux décisions, l'une administrative et l'autre judiciaire, ou par le refus des tribunaux judiciaires d'obtempérer aux réquisitions d'incompétence du ministère public. Les conseils de préfecture, se considérant comme les successeurs des anciennes administrations centrales de départements, élevaient aussi le conflit.

Enfin vint l'arrêté du 13 brumaire an X qui confia désormais aux préfets le soin d'élever le conflit. Les articles 3 et 4 de l'arrêté semblaient ne plus laisser de place à aucun doute. Voici leurs termes :

Art. 3. — « *Le préfet, dans les vingt-quatre heures,* « *élèvera le conflit, et transmettra, sans aucun retard,* « *copie de son arrêté au commissaire du gouvernement,* « *par lequel il sera notifié au tribunal, avec déclaration* « *qu'aux termes de l'article* **27** *de la loi du* **21** *fructidor* « *an* **III**, *il doit être sursis à toutes procédures judiciaires,* « *jusqu'à ce que le conseil d'État ait prononcé sur le con-* « *flit.* »

Art. 4. — « *Indépendamment des commissaires du gou-* « *vernement près les tribunaux, les préfets élèveront le* « *conflit entre les deux autorités, toutes les fois qu'ils se-*

« ront informés d'ailleurs qu'un tribunal est saisi d'une
« affaire qui, par sa nature, est de la compétence de l'ad-
« ministration ; et, dans ce cas, le commissaire du gou-
« vernement sera également tenu de faire la notification
« prescrite par l'article précédent, quelle que puisse être
« son opinion sur la compétence. »

Malgré la clarté de ces dispositions, les préfets ne furent pas seuls, en pratique, à élever le conflit. Les ministres continuèrent, jusqu'aux derniers jours de l'Empire, à déférer au conseil d'État les jugements ou arrêts qui leur paraissaient avoir empiété sur les attributions de l'autorité administrative. Les conseils de préfecture, eux aussi, partageaient avec les préfets le droit d'élever le conflit. Et ce fut seulement dans les commencements de la Restauration, que le conseil d'État reconnut enfin que l'arrêté du 13 brumaire an X consacrait la compétence exclusive des préfets. (Décret du 23 janvier 1814. Ord. du 9 avril 1817.)

En 1828, la question fut posée devant la commission, et quelques membres furent d'avis d'enlever aux préfets le droit d'élever le conflit.

« On a proposé, dit M. de Cormenin, d'écarter
« l'intervention des préfets, personnages peu diserts
« dans les matières de droit, et peu agréables à la ma-
« gistrature. Dans ce système, les procureurs géné-
« raux, qui sont aussi les agents immédiats du gou-
« vernement, élèveraient le conflit. On peut objecter
« que les procureurs du roi, bien qu'ils soient amo-
« vibles et agents du gouvernement, ne sont pas à

« proprement parler, des administrateurs, mais des
« magistrats ; qu'ils ne sont pas astreints, comme les
« préfets, purs agents d'exécution, à une obéissance
« passive ; qu'ils ont plus de libre arbitre ; que leur in-
« tervention pourrait devenir, par sa fréquence, incom-
« mode à la magistrature, ou, par sa rareté, inefficace
« pour l'administration ; qu'il n'existerait aucun re-
« cours contre leur refus d'élever le conflit, comme il
« en existe contre le refus des préfets ; que, si le conflit
« est un moyen réservé à l'administration pour la dé-
« fense de ses attributions, il faut qu'il soit exercé
« par un agent spécial de l'administration ; que, si
« les préfets ignorent trop les règles du droit civil,
« les procureurs du roi ignorent trop aussi les nécessi-
« tés et les attributions de l'autorité administrative... »

En définitive, il fut admis que les préfets conserve-
raient une prérogative qu'ils tenaient de l'arrêté de
l'an X, et qui, voulût-on la leur enlever, ne pourrait
leur être retirée que par une loi. Les articles 6 et suivants de l'ordonnance de 1828 sont, en effet, conçus
dans le sens du droit exclusif des préfets d'élever le
conflit.

A ce propos, s'est élevée la question de savoir si, en
cas de refus du préfet d'élever le conflit, sur la demande qui lui en était faite par une partie, ce refus
pouvait donner lieu à un recours par la voie contentieuse.

La jurisprudence du conseil d'État a varié sur ce
point. L'article 4 de l'arrêté de brumaire an X , dispo-

sait, qu'indépendamment de toute dénonciation des commissaires du gouvernement près les tribunaux, les préfets élèveraient le conflit entre les deux autorités, toutes les fois qu'ils seraient informés d'ailleurs qu'un tribunal est saisi d'une affaire qui, par sa nature, est de la compétence de l'administration. On avait conclu de ces termes que l'acte par lequel le préfet élevait le conflit était un droit pour les particuliers, et que, par conséquent, si le préfet refusait d'exercer la revendication, les parties pourraient attaquer ce refus devant le conseil d'État. Un grand nombre de décisions du conseil d'État furent rendues dans ce sens. (Décret du 13 brumaire an XIV.— Décret du 6 janvier 1807.— Décret du 17 juin 1809.— Décret du 29 décembre 1810.)

Mais, en 1821, la jurisprudence changea. Un avis du conseil du 6 février 1821, déclara que les conflits étaient des actes de haute administration, alors même que les parties avaient été entendues. L'ordonnance du 12 décembre 1821 confirma cette doctrine dont la conséquence fut d'enlever aux parties le droit d'attaquer devant le conseil les arrêtés par lesquels les préfets refusent d'élever le conflit. Ils sont seuls juges de l'opportunité du conflit. Ce n'est pas que les parties ne puissent s'adresser, en pareil cas, au ministre, chef hiérarchique du préfet. Elles peuvent le faire par la voie gracieuse. Mais ce n'est pas pour elles un droit. Si le ministre le juge convenable, il peut inviter le préfet à élever le conflit; sinon, il n'est même pas tenu de répondre aux réclamations des parties.

Le mot *préfets*, employés dans l'arrêté de l'an X, et dans l'ordonnance de 1828, a donné lieu à une difficulté. On s'est demandé si le préfet de police et les préfets maritimes avaient le droit d'élever le conflit.

Quant au préfet de police, pendant de longues années, le conseil d'État lui reconnut le droit d'élever le conflit. Nous n'avons qu'à renvoyer aux décrets des 16 frimaire an XIV, 12 décembre 1806, 5 août 1809. Mais, en 1822, la jurisprudence changea ; le 29 mai 1822 une ordonnance royale annula un arrêté pris par le préfet de police : « Attendu que, d'après l'arrêté du « 13 brumaire an X et l'ordonnance du 12 décembre « 1821, c'est le préfet du département qui est chargé « d'élever le conflit, quand il y a lieu ; et que, par « l'arrêté du 12 messidor an VIII, qui détermine les « fonctions du préfet de police établi dans le départe- « ment de la Seine, le droit d'élever le conflit n'est pas « compris dans les attributions de ce magistrat. »

Sur les réclamations que le préfet de police leur adressa au sujet de cette ordonnance, les ministres de la justice et de l'intérieur soumirent la question à un nouvel examen devant le comité de législation du conseil d'Etat.

Ce comité émit, à la date du 23 novembre 1822, un avis ainsi motivé :

« Considérant que, si le droit d'élever le conflit a « été expressément attribué aux préfets des départe- « ments par l'arrêté du 13 brumaire an X, c'est en leur

« qualité d'agents uniques de l'administration dans
« chaque département, et que, dès lors, on ne saurait
« conclure de cette disposition que la loi refuse le par-
« tage du droit d'élever le conflit, dans les lieux où
« elle admet le partage de l'administration ;

« Considérant que le préfet de police, à Paris, est
« chargé d'une partie de l'administration départemen-
« tale ; qu'il présente son budget et ses comptes au
conseil général du département ; qu'il préside le con-
« seil de préfecture pour les affaires contentieuses de
« ses attributions et qu'il exerce ses fonctions sous
« l'autorité immédiate des ministres du roi ;

« Considérant que, depuis l'arrêté du 13 brumaire
« an X, il a joui, sans trouble, du droit d'élever le con-
« flit, ainsi qu'il résulte des décrets du 16 frimaire
« an XIV et du 12 décembre 1806 ; »

Conformément à cet avis, une ordonnance du 18 décembre 1822, décida que « les dispositions de l'art. 4 de
« l'arrêté du 13 brumaire an X qui autorisent le préfet à
« élever le conflit entre deux autorités, sont déclarées
« communes au préfet de police de Paris ; en consé-
« quence, il élèvera le conflit dans les affaires qui,
« étant par leur nature dans la compétence de l'admi-
« nistration, sont placées dans ses attributions. »

Depuis lors, et quoique l'ordonnance de 1828 ne se
soit pas expliquée sur ce point, on n'a plus contesté au
préfet de police le droit d'élever le conflit.

Mais on s'est demandé si le droit du préfet de police
devait s'exercer en concurrence avec celui du préfet

de la Seine, en ce sens que chacun puisse élever le conflit sur les matières qui sont de la compétence de la préfecture de police. M. Dalloz (V° Conflit, n° 29) soutient que, dans ces sortes d'affaires, le conflit peut être indifféremment élevé par l'un ou l'autre de ces deux fonctionnaires. A notre sens, c'est bien mal comprendre les termes même de l'ordonnance du 12 décembre 1822, qui dit expressément que *le préfet de police élèvera le conflit dans les affaires qui, étant par leur nature dans la compétence de l'administration, sont placées dans ses attributions.* Ce serait, en outre, exposer les deux préfets à se contredire l'un l'autre, et méconnaître l'esprit de l'ordonnance de 1828 qui a évidemment voulu qu'il n'y eût qu'un seul fonctionnaire chargé d'élever le conflit. Il y a tout lieu de croire que, si le conseil d'Etat était appelé à statuer sur cette question, il la déciderait dans le sens que nous indiquons.

Quant aux préfets maritimes, établis par l'arrêté des consuls du 7 floréal an VIII, l'ordonnance de 1828 ne s'en est pas occupée. Mais, avant comme après l'ordonnance, le conseil d'Etat a constamment admis qu'ils pouvaient élever le conflit dans les matières placées dans leurs attributions. (Arrêté du 24 prairial an XI ; ordonnance du 12 février 1841 ; ordonnance du 30 mars 1842 ; décrets des 26 juin 1852 et 8 juin 1854.)

Le droit du préfet maritime étant admis, nous croyons que, le cas échéant, la jurisprudence déciderait, pour lui comme pour le préfet de police, que lui seul doit être considéré comme ayant qualité pour exercer une revendication devant l'autorité judiciaire relativement aux matières qui sont dans ses attributions, et nous ne croyons pas qu'il puisse être suppléé par le préfet du département.

Nous savons maintenant quel est, dans l'ordre administratif, le fonctionnaire chargé d'exercer devant les tribunaux la revendication des affaires qui sont de la compétence de l'administration. Sauf certains cas où les préfets maritimes et le préfet de police sont compétents, ce soin est dévolu aux préfets des départements. Il nous reste à savoir quel sera, parmi tous ces préfets, celui qui sera chargé d'élever le conflit dans telle ou telle affaire déterminée.

Pour nous guider dans cette recherche, nous poserons deux principes qui, nous semble-t-il, doivent nous aider à résoudre tous les points de vue de cette question.

Le conflit est un acte qui fait partie des fonctions que le préfet exerce comme représentant l'autorité publique. Or, comme l'exercice de ces fonctions est circonscrit dans les limites du département qu'il administre, il s'ensuit que le préfet ne peut élever le conflit que dans les affaires portées devant les tribunaux du département où il remplit ces fonctions.

En second lieu, le préfet, dans le département duquel une instance judiciaire s'est engagée, et qui avait qualité pour revendiquer au profit de l'autorité administrative le litige à son origine, possède en quelque sorte un droit de suite sur ce même litige dans les divers degrés de juridiction qu'il peut parcourir.

A l'aide de ces deux règles, il nous semble que la question, sous quelque point de vue qu'on l'envisage, ne saurait présenter de difficultés.

Nous distinguerons d'abord le cas où le conflit est élevé devant le tribunal de première instance et le cas où il est élevé en appel.

Lorsque le conflit est élevé devant le tribunal de première instance, il est hors de doute que le préfet compétent pour élever le conflit est le préfet dans le département duquel se trouve le tribunal saisi du litige.

Cependant, le conseil d'État méconnut cette règle pendant longtemps. Plusieurs ordonnances confirmèrent des conflits élevés par des préfets autres que ceux des départements où était situé le tribunal saisi, les unes, sous prétexte qu'il s'agissait de l'interprétation d'actes administratifs émanés du préfet qui avait élevé le conflit ou d'un de ses prédécesseurs, d'autres sous le prétexte que l'objet du litige était situé sur le territoire du préfet qui avait élevé le conflit. (Voir notamment, ordonnances des 2 août 1823, 17 août 1825, 22 mars 1827).

Mais, depuis l'ordonnance de 1828, la jurisprudence du conseil a changé, et elle est revenue aux véritables principes. Elle a proclamé que le préfet ne pouvait élever le conflit que dans les affaires portées devant les tribunaux de son département et qu'il était seul

compétent. (Ordon. du 14 avril 1839, du 17 août 1811 ;
décret du 12 août 1851.)

Supposons maintenant que le conflit est élevé en
appel. C'est ici qu'il faut appliquer la seconde règle
que nous avons posée. Le préfet possède un droit de
suite sur les affaires qui ont pris naissance dans son
département. Ainsi, sur l'appel d'un jugement rendu
par un tribunal de première instance, le préfet du département dans lequel ce tribunal est situé, a qualité
pour le conflit, quoique la cour impériale, devant laquelle l'appel a été porté, ne soit pas comprise dans la
même circonscription départementale. Et il faut bien
remarquer que, dans ce cas, non-seulement le préfet
du département de la situation du tribunal primitivement saisi peut élever le conflit, mais qu'il est seul
compétent ; et que, dans aucun cas, le conflit ne peut
être élevé par le préfet du département où se trouve
située la cour impériale.

Le conseil d'État a explicitement consacré cette doctrine, dans deux ordonnances qui portent, toutes les
deux, la date du 20 août 1840. Dans la première, il
décide « que le préfet, compétent pour élever le conflit
« en première instance devant un tribunal situé dans
« son département, a également qualité pour élever le
« conflit devant la cour royale où est porté l'appel du
« jugement rendu par ce tribunal. »

Dans la seconde ordonnance, le conseil d'État a
annulé un conflit par le motif « que le préfet, compé-
« tent pour proposer le déclinatoire et élever le conflit

« devant les tribunaux compris dans la circonscription
« de son département, l'est *seul* aussi pour faire ces
« actes devant la cour royale où les affaires qu'il veut
« revendiquer sont portées par la voie d'appel. » (Voir,
sur la même question, un décret du 27 mai 1848).

Quelques auteurs, M. Dalloz entre autres (1), sou-
tiennent que, dans le cas d'appel, il faut faire une
distinction entre le cas où le conflit avait déjà été
élevé en première instance, et le cas où il est élevé
pour la première fois en appel. Dans le premier cas,
dit M. Dalloz, on comprend que le même préfet suive
le conflit en appel ; cela est rationnel et juridique. Mais,
dans le second cas, la même raison n'existe plus ;
pourquoi ne pas suivre la règle que la compétence
suit la circonscription ?

Malgré ce qu'elle peut avoir de séduisant au premier
abord, nous ne saurions admettre cette distinction.
Il nous semble que l'appel ne change rien aux règles
de la juridiction et de la compétence territoriale. En
somme, c'est toujours le même litige en appel qu'en
première instance ; et le préfet qui était compétent en
première instance doit le rester en appel. De plus,
à un point de vue plus pratique, le préfet du département dans lequel l'affaire a pris naissance, la connaîtra
presque toujours mieux que son collègue du chef-lieu
de la cour, et sera, par conséquent, mieux à même de
juger s'il est convenable ou non d'élever le conflit. Et
cela est vrai, aussi bien dans le cas où le déclinatoire

(1) V° Conflit, n° 36.

a été adressé en première instance que dans le cas où il l'est pour la première fois en appel.

M. Boulatignier pose une exception au droit que possède le préfet, dans le département duquel une instance judiciaire s'est engagée, de revendiquer, pour l'autorité administrative, la connaissance de l'affaire lorsqu'elle se trouve portée en appel devant les juges d'un autre département. C'est, lorsque le juge d'appel se trouve saisi par suite d'un arrêt de cassation qui prononce le renvoi. Alors, dit M. Boulatignier, l'effet de cet arrêt a été de renouveler l'instance.

Sans entrer dans la discussion approfondie de cette opinion, nous préférons celle qui consiste à dire que, même dans le cas de renvoi par arrêt de cassation, c'est au préfet du département de la situation du tribunal primitivement saisi, qu'il appartient d'élever le conflit devant la cour de renvoi. La conséquence de l'arrêt de cassation n'est pas, en effet, de renouveler l'instance, mais de remettre la cause et les parties au même état qu'avant la décision cassée, qui est alors considérée comme non avenue. Or, avant cette décision, la cause et les parties étaient à l'état d'appel, et, à ce moment, le conflit n'aurait pu être élevé que par le préfet du département dans lequel était situé le tribunal saisi ; il doit en être exactement de même après la cassation, qui ne fait que supprimer l'arrêt cassé.

4° A quel moment le conflit peut-il être élevé?

Art. 4. — « *Hors le cas prévu par le dernier paragra-*
« *phe de l'article 8 de la présente ordonnance (c'est-à-dire,*
« lorsque le tribunal, sans attendre l'expiration du délai
« accordé au préfet pour élever le conflit, aurait passé
« outre au jugement du fonds), *il ne pourra jamais*
« *être élevé de conflit après des jugements rendus en der-*
« *nier ressort ou acquiescés, ni après des arrêts définitifs.*
« *Néanmoins, le conflit pourra être élevé en cause d'appel*
« *s'il ne l'a pas été en première instance, ou s'il l'a été irré-*
« *gulièrement après les délais prescrits par l'article 8 de la*
« *présente ordonnance.* »

Cet article est un de ceux qui ont apporté les modifications les plus graves et les plus importantes au
régime antérieur. Nous allons passer en revue les
différentes phases que la jurisprudence du conseil a
parcourues sur ce point, ainsi que les différents systèmes
qui ont été proposés ou suivis à des époques diverses.

Nous avons vu plus haut que, pendant la période
révolutionnaire et jusqu'à l'établissement du gouvernement impérial, le conflit, suivant l'expression de
M. de Cormenin, faisait main-basse sur tous les jugements, quels que fussent leur caractère et leur autorité;
sous l'Empire, il réduisit au néant même des arrêts de
la cour de cassation.

A cette époque, on tenait pour incontestable, ce qui
est vrai en principe, que l'incompétence à raison de la

matière est d'ordre public, et qu'elle peut être proposée en tout état de cause; on en concluait que nulle prescription, nul laps de temps ne pouvait effacer le vice radical des décisions entachées d'une telle incompétence ; que les parties ne pouvaient, par leur silence ou par leur consentement exprès, attribuer à l'autorité judiciaire des pouvoirs que celle-ci ne tient pas de la loi; que cette autorité ne pouvait pas davantage mettre une usurpation de ce genre à l'abri de la revendication administrative, et qu'une telle usurpation n'était pas plus régulière parce qu'elle était devenue plus complète. Plusieurs arrêts et décrets intervinrent pour confirmer cette doctrine. (Voir notamment, arrêt du 8 pluviôse an XI, décrets des 25 mars 1807, et 18 août 1807.)

Sur les derniers jours de l'Empire, on sentit qu'à côté de ces principes incontestables, s'en plaçait un autre, non moins fécond et non moins indispensable, le respect dû à la chose jugée. Dans une société régulière, la chose définitivement jugée est le dernier mot des contestations humaines ; ébranler le respect absolu qui lui est dû, c'est substituer l'empire de la force à l'empire du droit. La chose jugée couvre et purge tous les vices, celui de l'incompétence comme tout autre.

Le 15 janvier 1813, un décret intervint qui décida « que les dispositions qui donnaient au préfet le droit « de conflit, ne s'appliquaient point aux contestations « terminées par des jugements ayant acquis l'autorité « de la chose jugée. » Malheureusement un décret du

6 janvier 1814 ne tarda pas à expliquer ce que le conseil d'État entendait par chose jugée. D'après les considérants du décret, un arrêt n'a définitivement acquis l'autorité de la chose jugée qu'après l'expiration des délais pour se pourvoir en cassation. C'était un pas en arrière ; tout était remis en question.

Peu de temps après la chute de l'Empire, une ordonnance (6 février 1815) décida que les jugements de première instance rendus en dernier ressort, et les arrêts des cours rendus contradictoirement acquièrent l'autorité de la chose jugée au moment même où ils sont rendus ; que les lois et arrêtés relatifs aux conflits ne sont point applicables aux contestations terminées par des jugements ou arrêts qui ont acquis l'autorité de la chose jugée.

Cette doctrine fut de nouveau renversée en 1819. Une ordonnance du 23 juin revint à la doctrine de 1814 qui ne considérait une chose irrévocablement jugée que par l'expiration du délai du recours en cassation.

En 1828, devant la commission chargée de réviser les règlements de la matière des conflits, M. de Cormenin combattit avec chaleur le système qui avait prévalu en 1819, et, en conséquence, proposa de déclarer que le conflit ne pourrait plus être élevé après un jugement de première instance rendu en dernier ressort, ni après un jugement de cour royale rendu contradictoirement. Il proposa également de décider que, désormais, le conflit ne pourrait être élevé après des jugements de première instance rendus contradictoirement, lorsque l'exception d'incompétence n'aurait pas été préalablement proposée par l'administration.

Ces propositions s'appuyaient sur des raisons excellentes qui devaient en amener l'adoption. En effet, disait-on, les conflits ne peuvent être élevés que sur des contestations encore existantes; le mot de conflit lui-même suppose nécessairement qu'il existe un débat entre deux autorités sur le point de savoir à qui doit appartenir le jugement de la contestation qui donne lieu à ce débat. Il suit de là que les juridictions ne peuvent être revendiquées qu'autant que les jugements ne sont pas définitifs; dans le cas où le pouvoir judiciaire est épuisé, il n'y a plus de question subsistante, ni, par conséquent, lieu et matière à conflit. Le recours en cassation, ajoutait-on, n'est qu'un remède extraordinaire, de sorte que, jusqu'à ce que le jugement ait été privé d'existence, il conserve l'autorité de la chose jugée. Si les moyens de cassation sont admis, si le jugement est annulé, la matière reprend alors son premier état et peut être soumise devant les nouveaux juges à l'action du conflit, mais jusque-là l'autorité administrative doit s'arrêter, fût-elle dans les délais du pourvoi. Ce furent ces considérations et d'autres encore qui décidèrent les membres de la commission; de là sortit l'art. 4 de l'ordonnance.

Quelque simple que soit le système consacré par cet article, nous devons préciser le sens dans lequel il doit être entendu. Ainsi que le remarque M. Duvergier, le premier alinéa de l'art. 4 ne prohibant le conflit qu'a-

près les jugements en dernier ressort, semble l'autoriser
après des jugements en premier ressort ; mais en com-
binant cette disposition avec le deuxième alinéa, il
devient évident que les jugements en premier ressort
ne peuvent être atteints par le conflit qu'autant qu'il y
a appel ; aucun doute sérieux ne peut s'élever à cet
égard pour quiconque a pris la peine d'étudier la jurisprudence antérieure et les discussions d'où cet article
est sorti. Si donc aucune partie ne juge à propos de
former appel contre un jugement de première instance,
le préfet aura les mains liées et ne pourra exercer de
revendication au profit de l'autorité administrative.

Un grand nombre de décisions, soit du conseil d'État,
soit du tribunal des conflits ont eu à fixer le sens et à
faire l'application de cet article. Elles se ramènent
toutes, indépendamment du cas d'acquiescement, à
deux points fondamentaux. D'une part, le conflit ne
peut être élevé après un jugement ou un arrêt définitif,
alors même que le délai de l'appel ou du pourvoi en
cassation ne serait pas encore expiré. D'autre part, le
conflit peut être élevé tant qu'il n'a pas été statué définitivement sur le fond de la contestation, et alors même
que des jugements préparatoires ou interlocutoires auraient été rendus qui préjugeraient implicitement ou
même jugeraient explicitement la question de compétence. (Ordonnances des 8 avril 1829, 16 août 1832,
28 août 1844).

Le premier de ces principes, qui pourrait être contesté
si l'on s'en rapportait aux termes seuls de l'article, re-

pose sur le respect dû à la chose jugée ; car un jugement définitif, même susceptible d'appel, a force de
chose jugée dès le jour où il est rendu. L'éventualité de
l'appel n'est qu'une condition résolutoire qui, si elle se
réalise, fera tomber le jugement, mais qui, si elle ne
se réalise pas, n'empêchera pas le jugement d'avoir eu
force de chose jugée, dès l'origine.

Les mêmes considérations doivent, selon nous, s'appliquer aux jugements ou arrêts par défaut. Dès qu'ils
sont rendus, ils sont définitifs sous une condition résolutoire, l'opposition. Si l'opposition a lieu, elle remet
en question la décision rendue ; le conflit pourra avoir
lieu. Sinon, le jugement ou l'arrêt a force de chose
jugée, du jour où il a été rendu ; le conflit n'est plus
possible. (Voir le décret du 7 décembre 1851).

Ce que nous venons de dire de l'appel et de l'opposition s'applique, à *fortiori*, au cas de cassation. Il est
évident que le conflit ne pourrait pas être élevé après
des arrêts définitifs, sous prétexte que l'on serait encore dans les délais du pourvoi en cassation. Nous rap-
pelons néanmoins que, si la cour de cassation vient à
casser l'arrêt qui lui est déféré, comme l'effet de la cassation est de remettre la cause et les parties au même
état qu'avant l'arrêt cassé, le conflit peut être élevé devant la cour de renvoi. (Ordon. des 21 déc. 1845, et
10 mars 1847.)

Ainsi, il est certain que si le conflit ne peut être
élevé après un jugement définitif tant que la partie n'a
pas interjeté appel, l'appel une fois réalisé fait renaître

le droit d'élever le conflit; car il rend la vie au litige.

Cette solution devrait être admise, quand bien même l'appel n'aurait été interjeté que pour cause d'incompétence, conformément à l'art. 454 du code de procédure, dans une affaire dont le fond était de la compétence, en dernier ressort, des premiers juges. « Ici « cependant, dit M. Serrigny (1), on sent une raison « assez forte de douter; c'est que l'appel ne porte que « sur la compétence, et que le fond est jugé définitive- « ment, si le moyen d'incompétence est rejeté en appel. « Cela est vrai; mais cela suffit pour que la contestation « ne soit pas terminée et pour que la partie condamnée « ait le droit éventuel de faire annuler le jugement, et « ainsi, d'obtenir gain de cause, même au fond, si elle « réussit dans son appel. D'ailleurs, les termes de « l'art. 4 ne distinguent point, et sont positifs. »

De la défense d'élever le conflit après un jugement en dernier ressort, ou un arrêt définitif, l'art. 4 excepte avec raison le cas où les tribunaux auraient statué pendant le délai accordé à l'administration pour élever le conflit. S'il en était autrement, les tribunaux pourraient impunément commettre des excès de pouvoir, et se jouer du droit de revendication accordé à l'autorité administrative.

Tout ce que nous avons dit des jugements de première instance, s'applique aussi à l'appel, dans les trois cas où le conflit peut être élevé en appel; savoir: 1° lorsqu'il n'a pas été élevé en première instance; 2° lors-

____

(1) Tome I, n° 178.

qu'il y a été élevé irrégulièrement; 3° lorsque, le déclinatoire ayant été admis par le tribunal de première instance, la partie intéressée interjette appel de ce jugement. Quant à l'acquiescement, il devait avoir également pour effet d'interdire le conflit; car il imprime aux décisions acquiescées le caractère et l'autorité de la chose jugée. Mais, par le même motif, cette disposition ne peut et ne doit s'entendre que de l'acquiescement qui porte sur le fond même du litige. Le désistement, la transaction produiraient d'ailleurs, sous la même condition, le même effet que l'acquiescement.

5° Formalités qui doivent précéder l'arrêté de conflit.

Art. 5. « — *A l'avenir, le conflit d'attribution ne pourra « être élevé que dans les formes et de la manière détermi- « nées par les articles suivants.*

Art. 6. — « *Lorsqu'un préfet estimera que la connais- « sance d'une question portée devant un tribunal de pre- « mière instance est attribuée, par une disposition législa- « tive, à l'autorité administrative, il pourra, alors même « que l'administration ne serait pas en cause, demander le « renvoi de l'affaire devant l'autorité compétente. A cet ef- « fet, le préfet adressera au procureur du roi un mémoire « dans lequel sera rapportée la disposition législative qui « attribue à l'administration la connaissance du litige. Le « procureur du roi fera connaître, dans tous les cas, au « tribunal la demande formée par le préfet, et requerra le « renvoi, si la revendication lui paraît fondée. »

« L'art. 6, dit M. Taillandier (1), est l'un de ceux qui
« contiennent des dispositions entièrement nouvelles
« sur les conflits. »

En effet, jamais, avant 1828, on n'avait songé à
mettre le tribunal à même de s'expliquer sur sa compétence. On trouvait inutile de perdre son temps et son
argent devant des juges incompétents, au lieu de saisir
promptement et directement le juge compétent. C'est,
disait-on, parce que l'affaire est administrative que le
préfet la revendique. Or, elle est administrative au jour
de la citation aussi bien qu'au jour du jugement. L'ordre régulier des juridictions, de même que l'intérêt des
parties, veulent que le juge incompétent soit dépouillé
aussitôt qu'il est saisi, et que l'instruction et la décision
des affaires administratives soient ramenées le plus
vite possible dans leurs voies naturelles et légales.

D'après l'arrêté du 13 brumaire an X, les commissaires du gouvernement, aussitôt qu'ils étaient informés qu'une question attribuée par la loi à l'autorité administrative avait été portée devant le tribunal où ils
exerçaient leurs fonctions, étaient tenus d'en requérir
le renvoi devant l'autorité compétente et de faire
insérer leurs réquisitions dans le jugement qui intervenait. Si le tribunal refusait le renvoi, ils en devaient
instruire sur-le-champ le préfet du département qui,
dans les vingt-quatre heures, devait élever le conflit.
Dans ce cas, le conflit n'intervenait qu'après que le
tribunal avait affirmé sa compétence.

(1) Page 152.

Mais, d'après l'art. 4 de ce même arrêté, indépendamment de toute dénonciation des commissaires du gouvernement près les tribunaux, les préfets pouvaient élever le conflit, toutes les fois qu'ils étaient informés d'ailleurs qu'un tribunal était saisi d'une affaire qui, par sa nature, était de la compétence administrative. En vertu de cet article, les préfets prenaient souvent des arrêtés de conflit, aussitôt qu'une revendication à exercer leur était signalée, et alors même qu'il n'y avait qu'un exploit de citation. Jusqu'en 1828, et malgré des réclamations assez vives qui eurent lieu en 1810, il ne paraît pas que le conseil d'État ait changé de doctrine. (Voir, au contraire, ordon. du 11 août 1810.)

« Il est impossible de nier, observe M. Taillandier,
« qu'il n'y eût dans cette manière de procéder, oubli
« de toutes les formes judiciaires, et même violation
« de toutes les convenances sociales. »

Le système du déclinatoire n'avait pas seulement pour but de témoigner à la magistrature une juste déférence; il devait avoir pour effet de rendre les préfets plus circonspects dans l'exercice du droit de conflit; après des débats contradictoires sur la question de compétence, en présence d'un jugement motivé, l'administration ne pouvait persister dans sa revendication que par les raisons les plus sérieuses. Ces raisons firent prévaloir devant la commission de 1828 la nécessité du déclinatoire.

L'exécution de l'art. 6 a donné lieu, dans la pratique, à un certain nombre de difficultés, dont nous devons rendre compte.

Occupons-nous d'abord du cas où le déclinatoire est présenté en première instance.

Et d'abord, il faut poser en principe que la formalité du déclinatoire est une condition *sine quâ non* de la validité du conflit. Quelque clairs que soient les termes de l'art. 6, il s'est présenté dans quelques circonstances, des conflits qui avaient été élevés sans déclinatoire préalable. Ces conflits ont été annulés par le conseil d'État. (Ordon. du 12 août 1831; du 16 août 1832; décis. du trib. des confl. du 14 mars. 1850; décret du 16 nov. 1851.)

De ce que la formalité du déclinatoire était exigée pour mettre le tribunal à même de s'expliquer sur sa propre compétence, on aurait pu être tenté de conclure que le conflit pouvait être élevé sans déclinatoire préalable, lorsqu'une des parties en cause avait proposé l'exception d'incompétence, et que cette exception avait été rejetée par le tribunal. Le conseil d'État a décidé que, même dans ce cas, le déclinatoire devait être proposé par le préfet avant d'élever le conflit. Et cela, quand bien même la partie en cause serait le ministre ou le préfet et quand même ce serait le ministère public qui aurait pris des conclusions à fin d'incompétence. (Ord. 8 mars 1831; 7 juillet 1845; 11 août 1837, 6 sept. 1842, 23 mai 1844, 6 juin 1838, 3 mai 1839; 25 mars 1848, etc.)

On comprend, du reste, les motifs qui ont amené le conseil d'État à décider ainsi. Quelle a été, en effet, l'intention des auteurs de l'ordonnance de 1828 ? Ils n'ont pas voulu que, dans aucun cas, le pouvoir administratif pût dessaisir l'autorité judiciaire sans l'avoir appelée à examiner, contradictoirement avec la revendication administrative, sa compétence contestée par cette revendication. Et certes, le déclinatoire qui doit être présenté par le préfet au nom et comme représentant de la puissance publique, dans l'intérêt de l'ordre et du maintien des compétences, a un tout autre caractère que l'exception d'incompétence présentée par l'une des parties.

Une exception avait été introduite, bien à tort selon nous, par une ordonnance du 15 août 1839. Cette ordonnance avait décidé que le déclinatoire proposé devant un tribunal d'arrondissement par un préfet qui n'avait pas qualité, attendu que le tribunal ne se trouvait pas dans la circonscription de son département, pouvait dispenser le préfet compétent de proposer un nouveau déclinatoire avant d'élever le conflit. Mais un décret du 18 décembre 1848 a rétabli les principes, en décidant que, même dans cette hypothèse, le préfet compétent devait renouveler le déclinatoire avant d'élever le conflit.

En appel, nous avons vu que le conflit pouvait être élevé : 1° lorsqu'il ne l'avait pas été en première instance ; 2° lorsqu'il l'avait été irrégulièrement et qu'il avait été annulé pour ce motif ; 3° lorsque le déclinatoire présenté en première instance ayant été accueilli par le tribunal, la partie intéressée avait interjeté appel de ce jugement.

De même qu'en première instance, la formalité du déclinatoire est, en général, nécessaire pour que le conflit puisse être élevé. Les arrêtés de conflit pris sans être précédés de cette formalité ont toujours été annulés par le conseil d'État. (Ordon. des 3 septembre 1829 ; 14 novembre 1831 ; 23 août 1843 ; 28 février 1845.)

En appel comme en première instance, le préfet ne peut se dispenser de proposer le déclinatoire devant la cour, sous prétexte que l'une des parties aurait opposé l'exception d'incompétence, soit devant la cour, soit devant le tribunal de première instance, et que cette exception aurait été rejetée par le tribunal ou par la cour. (Ordonn. des 23 avril 1840, 27 août 39, 6 mars 1846.)

Une exception a été apportée à la règle qui veut que le déclinatoire soit renouvelé en appel ; elle a lieu lorsque le déclinatoire présenté en première instance ayant été accueilli par le tribunal, la partie intéressée a interjeté appel de ce jugement. L'ordonnance du 22 mai 1840 qui a consacré cette exception, s'appuie sur l'art. 8 de l'ordonnance du 1er juin 1828. Citons cet article :

« ... *Si le déclinatoire est admis, le préfet pourra éga-*
« *lement élever le conflit dans la quinzaine qui suivra la*
« *signification de l'acte d'appel, si la partie interjette appel*
« *du jugement....* »

L'ordonnance du 22 mai 1840 a interprété cet article en ce sens que le déclinatoire ne doit pas être renou-

velé par le préfet dans le cas qu'il vise : « Considérant,
« est-il dit dans l'ordonnance, sur la régularité du
« conflit, que le déclinatoire a été proposé par le préfet
« devant le tribunal de Marseille, qui y a fait droit par
« jugement du 17 août 1838 ; qu'appel ayant été inter-
« jeté dudit jugement, le préfet a élevé le conflit dans
« la quinzaine de la signification de l'acte d'appel, et
« s'est ainsi littéralement conformé aux dispositions
« de l'art. 8 de l'ordonnance du 1er juin 1828. »

Jusqu'à cette époque, le conseil d'État avait constamment décidé que, dans ce cas comme dans tous les
autres, le conflit devait être précédé d'un nouveau déclinatoire. Ainsi l'avaient établi les ordonnances des 18 octobre 1833, 20 avril 1835, 26 mai 1837, et 23 avril 1840.

Depuis l'ordonnance du 22 mai 1840, la jurisprudence
du conseil d'État n'a pas changé. (Voir ord. du 31 déc.
1844, décret du 12 août 1854).

Nous le regrettons ; car, à nos yeux, il y a les mêmes
raisons de déférence envers l'autorité judiciaire, la
même convenance et la même utilité à appeler préalablement la cour d'appel à statuer sur sa propre compétence, et la déclaration d'incompétence déjà émanée
des premiers juges fournit une raison de plus d'espérer
que l'administration ne sera pas obligée d'employer le
remède extrême du conflit, qui doit être réservé pour
le cas d'absolue nécessité.

Du reste, le conseil d'État n'est pas allé jusqu'à im-
poser au préfet l'obligation d'élever le conflit sans nouveau déclinatoire ; en pratique, bien des préfets ont

continué à renouveler le déclinatoire devant la cour, dans le cas où, sur un premier déclinatoire, le tribunal de première instance s'était déclaré incompétent. Et le conseil d'Etat ne s'y est pas opposé.

Nous avons maintenant à nous expliquer sur la forme même du déclinatoire.

L'ordonnance n'exige aucune forme particulière pour le déclinatoire. Pourvu qu'il rapporte la disposition législative sur laquelle se fonde la revendication administrative, et qu'il annonce clairement à l'autorité judiciaire l'intention où est le préfet de réclamer pour l'administration la connaissance du litige, le vœu de l'ordonnance est rempli. La forme de mémoire, indiquée par l'article 6, est sans doute la meilleure, mais elle n'est pas de rigueur.

Cependant, quelle que soit la largeur de vues du conseil d'Etat à ce sujet, il a annulé des conflits, dans des cas où le préfet s'était contenté d'écrire au procureur du roi qu'il allait se mettre en mesure d'élever le conflit, et avait pris immédiatement un arrêté de conflit, après le jugement rendu. (Ordonnances des 6 et 20 février 1816.)

Du reste, l'ordonnance ne fixe aucun délai pour proposer le déclinatoire ; quoique, sans contredit, son désir soit que le déclinatoire soit présenté et qu'il y soit statué le plus tôt possible.

C'est au procureur impérial, en première instance, ou au procureur général, en appel, que le déclinatoire doit être adressé par le préfet.

Aux termes de l'article 6, le magistrat du ministère public est tenu de faire connaître, dans tous les cas, au tribunal la demande formée par le préfet, et de requérir le renvoi, si la revendication lui paraît fondée.

Il y a ici deux obligations distinctes. Le procureur impérial est tenu, *dans tous les cas*, que la revendication du préfet lui paraisse ou non fondée, de faire connaître cette demande au tribunal. Ainsi, par exemple, il ne pourra s'en dispenser, sous prétexte que le mémoire du préfet n'indique pas, suivant le vœu du premier alinéa de l'article, la disposition législative sur laquelle est fondée la demande. Et comme l'administration ne doit pas souffrir de la négligence ou de la mauvaise volonté du ministère public, si, par suite de cette négligence ou de cette mauvaise volonté, le tribunal passait outre au jugement du fond, le préfet n'en conserverait pas moins le droit d'élever le conflit. (Voir ordonnances des 20 août 1835, 12 décembre 1842, 21 août 1846.)

Mais à côté de cette première obligation du procureur impérial, s'en place une autre. Il est tenu de requérir le renvoi de la cause. Mais ici il n'est pas tenu, comme tout à l'heure, dans tous les cas; il n'y est obligé que si la revendication lui paraît fondée. Les raisons de la différence entre les deux cas sont trop évidentes, pour que nous ayions besoin d'y insister.

Du reste aucun délai n'est fixé pour la présentation du déclinatoire au tribunal; ce qui ne veut pas dire que le ministère public peut tarder indéfiniment. Bien au contraire, dans l'esprit de l'ordonnance, le défaut d'indication d'un délai emporte l'obligation de porter immédiatement le déclinatoire à la connaissance du tribunal.

Le déclinatoire doit être présenté au tribunal en audience publique, à la différence de l'arrêté de conflit qui doit lui être communiqué en chambre du conseil. La raison de cette différence se conçoit fort bien. Le déclinatoire est un acte de déférence envers la magistrature puisqu'il l'invite à examiner elle-même sa compétence; il n'y a donc aucun inconvénient à le lui communiquer en séance publique; la dignité de la magistrature ne saurait en être offensée. De plus il convient que la question de compétence soit débattue dans les formes et avec les garanties ordinaires, et contradictoirement avec les parties, si elles croient devoir y intervenir. Il n'en est pas de même pour l'arrêté de conflit qui dépossède le tribunal et le force à se dessaisir.

Immédiatement après que le déclinatoire lui a été communiqué par le procureur impérial, le tribunal doit rendre un jugement spécial sur ce déclinatoire. Mais aucun délai n'est prescrit au tribunal pour statuer sur sa compétence.

Le tribunal, en statuant sur le déclinatoire, doit se rappeler que le préfet n'intervient pas comme partie, mais comme dépositaire de la puissance publique. En conséquence, c'est à tort qu'un tribunal, en pareille occasion, qualifie le préfet de partie intervenante, et,

en cette qualité, le condamne aux dépens, lorsqu'il rejette son déclinatoire. La jurisprudence du conseil
d'État est d'accord, sur ce point, avec celle de la cour
de cassation. En effet, un arrêt de cette cour, du
12 août 1835, est ainsi conçu :

« Attendu que ce n'est pas comme partie et comme
« exerçant les droits et actions, soit du domaine public,
« soit de l'administration départementale, que le préfet
« du Finistère a comparu devant le tribunal civil de
« Brest, mais qu'il n'y a comparu qu'en vertu de l'art. 6
« de l'ordonnance du 1er juin 1828, pour demander,
« comme magistrat et fonctionnaire de l'ordre admi-
« nistratif, agissant pour le maintien des juridictions,
« et ainsi dans l'intérêt général de la société, le renvoi
« par devant l'autorité administrative d'une affaire à
« l'égard de laquelle il n'était pas en cause;

« Attendu qu'en condamnant le préfet du Finistère,
« en cette qualité, à une partie des dépens, et en frap-
« pant ainsi un magistrat, un fonctionnaire de l'ordre
« administratif, lequel, agissant dans le cercle de ses
« attributions et dans l'intérêt général de la société,
« n'était point son justiciable, le tribunal de Brest non-
« seulement a violé l'art. 130 du Code de procédure,
« qui n'autorise la condamnation aux dépens qu'entre
« les parties en cause, et l'art. 7 de l'ordonnance du
« 12 décembre 1821, qui, en cas de conflit, sur les
« observations des parties, défend de prononcer, quel-
« que jugement qui intervienne, aucune condamnation
« de dépens, mais a emplété sur l'autorité administra-

« tive, méconnu les limites de sa compétence et com-
« mis un excès de pouvoir;

« Attendu que, dans ces circonstances, cette con-
« damnation aux dépens étant nulle, ne peut produire
« aucun effet contre le fonctionnaire public qui en a
« été frappé;

« Faisant droit sur le réquisitoire du procureur gé-
« néral, annule, en vertu de l'article 80 de la loi du
« 27 ventôse an VIII, pour excès de pouvoir, le juge-
« ment du tribunal de première instance de Brest, du
« 21 janvier 1835, dans la disposition seulement qui
« condamne à la moitié des dépens de l'incident du
« renvoi le préfet du département du Finistère, etc... »

Après que le tribunal a statué sur le déclinatoire, le préfet doit être averti de sa décision, soit que le déclinatoire ait été accueilli, soit qu'il ait été rejeté.

L'art. 7 de l'ordonnance s'exprime ainsi à ce sujet :

« *Après que le tribunal aura statué sur le déclinatoire,*
« *le procureur du roi adressera au préfet, dans les cinq*
« *jours qui suivront le jugement, copie de ses conclusions*
« *ou réquisitions et du jugement rendu sur la compétence.*

« *La date de l'envoi sera consignée sur un registre à ce*
« *destiné.* »

On voit que le délai accordé au ministère public pour adresser les pièces au préfet est de cinq jours. Il va sans dire que si le ministère public dépassait ce délai, ce retard ne nuirait en rien au droit de l'admi-nistration.

Il est à remarquer que c'est au préfet directement

que doivent être adressées les pièces et non au sous-préfet de l'arrondissement où siége le tribunal, pour qu'il les remette au préfet. On rendrait ainsi très-difficile le calcul du délai pour la régularité des conflits; car il ne nous paraît pas possible que, dans ce cas, le délai coure à partir de la remise des pièces au sous-préfet.

L'envoi du jugement doit être accompagné d'une copie des conclusions ou réquisitions prises par le ministère public; cela sert à éclairer le préfet sur le parti qu'il convient de prendre. Si le ministère public a appuyé le déclinatoire, ses réquisitions pourront être utiles au préfet dans la rédaction de son arrêté de conflit; au cas contraire, elles pourront l'éclairer et le porter à se désister de ses prétentions.

L'art. 7 exige enfin que la date de l'envoi soit consignée sur un registre à ce destiné.

Ce registre, qui doit être établi dans les parquets de première instance et dans les parquets des cours impériales, fait connaître les diverses phases de la procédure des conflits. Aux termes d'une circulaire du ministre de la justice du 5 juillet 1828, il doit mentionner et constater les dates : 1° de l'envoi du déclinatoire au parquet; 2° de la communication de ce déclinatoire au tribunal et des réquisitions prises par le ministère public; 3° de l'envoi au préfet du jugement rendu sur le déclinatoire; 4° de la signification de l'acte d'appel, s'il y a eu appel, 5° du dépôt de l'arrêté de conflit et du récépissé qui en est délivré; 6° de la communication de cet arrêté au tribunal; 7° des réquisitions à fin de sursis et du jugement qui intervient; 8° du rétablissement des pièces au greffe; 9° de l'avis donné aux parties, conformément à l'art. 13; 10° de la remise des observations des parties au parquet, s'il y a lieu; 11° enfin, de l'envoi fait au ministère de la justice, conformément à l'art. 14.

6° *Formalités qui doivent accompagner l'arrêté de conflit.*

Tous les préliminaires sont épuisés. Si le tribunal rejette le déclinatoire, il ne reste plus à l'administration d'autre arme que le conflit. Nous avons donc à examiner maintenant quand et dans quel délai le conflit doit être élevé.

L'art. 8 de l'ordonnance s'exprime ainsi :

« *Si le déclinatoire est rejeté, dans la quinzaine de* « *cet envoi pour tout délai, le préfet du département, s'il* « *estime qu'il y ait lieu, pourra élever le conflit. Si le* « *déclinatoire est admis, le préfet pourra également éle-* « *ver le conflit dans la quinzaine qui suivra la signifi-* « *tion de l'acte d'appel, si la partie interjette appel du juge-* « *ment.*

« *Le conflit pourra être élevé dans ledit délai, alors même* « *que le tribunal aurait, avant l'expiration de ce délai,* « *passé outre au jugement du fond.* »

Trois cas sont prévus par cet article. Ou bien le déclinatoire est rejeté par le tribunal; alors le préfet n'a plus rien qui l'arrête; il peut, s'il le juge convenable, élever le conflit. Ou bien le tribunal a admis le déclinatoire; alors, il n'y a plus lieu à élever le conflit, à moins que la partie intéressée n'interjette appel, auquel cas le préfet pourra élever le conflit devant la cour d'appel. Ou bien encore, le tribunal a passé outre au jugement du fond, sans tenir compte du déclinatoire; dans ce cas, le droit de l'administration reste intact, et le préfet pourra élever le conflit, nonobstant le jugement ou l'arrêt sur le fond.

Reprenons séparément chacune de ces hypothèses.

Si le déclinatoire est rejeté, dit l'art. 8, dans la quinzaine de cet envoi pour tout délai, le préfet du département, s'il estime qu'il y a lieu, pourra élever le conflit.

De ces mots : *dans la quinzaine de cet envoi*, nous devons conclure que ce n'est pas le jour de l'arrivée des pièces à la préfecture qui fait courir le délai, mais le jour de l'envoi par le procureur impérial. D'ailleurs, le préfet n'est pas obligé de mentionner dans son arrêté l'arrivée des pièces à la préfecture.

Le délai de quinzaine accordé au préfet est assez bref. Cela tient à ce que les rédacteurs de l'ordonnance n'ont pas voulu que le cours de la justice fût trop long-temps interrompu. Il suit de là que ce délai doit être observé à peine de nullité. Le conseil d'État annulerait le conflit élevé hors de la quinzaine. (Voyez Ord. du 8 juin 1838.)

En pratique, il peut se présenter quelques difficultés sur la question de savoir dans quels cas le déclinatoire est rejeté, et dans quels cas, par suite, le préfet peut

élever le conflit en se fondant sur ce que son déclinatoire a été rejeté.

A cela nous répondrons : toutes les fois que l'autorité
judiciaire a été mise en état et en demeure d'examiner
elle-même sa compétence, et qu'elle a statué directement ou indirectement sur sa compétence, le vœu de
l'ordonnance est rempli, l'administration peut user de
son droit.

A côté de ce principe, nous en poserons un autre,
qui lui sert, pour ainsi dire, de pendant. Le déclinatoire
n'oblige pas l'autorité judiciaire à surseoir absolument
à toutes procédures; il ne saurait, dès lors, l'empêcher
de prendre les mesures d'instruction qui peuvent lui
paraître nécessaires, avant de statuer sur la question
de compétence; et de là il suit que de telles mesures
n'impliquent point par elles-mêmes le rejet de la revendication faite par le préfet.

A l'aide de ces deux principes, il nous semble que
l'on devra résoudre facilement toutes les questions qui
pourraient se présenter dans la pratique.

C'est ainsi que la jurisprudence a décidé qu'un jugement simplement préparatoire ou même interlocutoire,
qui ne juge, ni explicitement ni même implicitement,
la question de compétence, n'équivaut pas au rejet du
déclinatoire et n'autorise pas le préfet à élever immédiatement le conflit. (Ordon. des 30 mars 1842, 11 juillet 1843, etc.)

Aux termes de l'art. 8, le préfet *peut* élever le conflit,
si le déclinatoire est rejeté. Il n'y est donc pas obligé;

c'est une faculté laissée à son appréciation. Peut-être les motifs par lesquels le tribunal, dans son jugement, rejette le déclinatoire, n'avaient-ils pas tout d'abord frappé le préfet; rien ne le force à persister dans une revendication qui ne lui paraît plus fondée. Si, au contraire, sa conviction n'est pas ébranlée par les raisons alléguées par le tribunal, il doit élever le conflit dans la quinzaine de l'envoi des pièces qui a dû lui être fait par le magistrat du ministère public.

Nous avons déjà dit que le retard du ministère public ne nuirait pas au droit de l'administration. Cela résulte nécessairement des termes de l'art. 8, qui ne fait courir le délai de quinzaine que de l'envoi des pièces par le procureur impérial. Si donc celui-ci n'a pas effectué cet envoi dans les cinq jours du jugement, cela n'enlèvera pas un jour au délai accordé au préfet pour élever le conflit. (Ord. des 3 février 1835, 19 novembre 1837, 7 décembre 1844. — Décision du tribunal des conflits du 3 juillet 1850.)

En second lieu, nous avons vu que le déclinatoire présenté en première instance peut être admis par le tribunal. Dans ce cas, le but du déclinatoire est complétement atteint. L'autorité judiciaire a été mise à même d'examiner à fond sa compétence, et elle a reconnu, qu'en effet, la demande de l'administration était fondée. Il n'y a donc pas lieu à élever le conflit si l'affaire en reste là.

Mais il peut se faire que la partie, qui croit avoir intérêt à contester la compétence administrative, interjetté appel du jugement de première instance qui a admis le déclinatoire. Alors le droit de l'administration reparaît, et le préfet pourra élever le conflit dans la quinzaine qui suivra la signification de l'acte d'appel. Déjà nous avons vu plus haut que, dans ce cas, le préfet n'est pas obligé de présenter un nouveau déclinatoire en appel, et qu'il peut élever le conflit directement. (Voir ordonnance du 22 mai 1840.)

En admettant ce système, que le préfet peut élever le conflit, sans déclinatoire préalable, dans la quinzaine de la signification de l'acte d'appel, est-il obligé de le faire dans ce délai, ou est-il encore recevable à le faire ultérieurement ?

Nous avons vu que, en première instance, le préfet peut proposer son déclinatoire, tant que le tribunal n'a pas statué sur le fond ; et c'est seulement après le jugement sur le déclinatoire, qu'il est circonscrit dans le délai de quinzaine pour élever le conflit.

En appel, on peut supposer deux cas. On peut supposer, ce qui est le cas prévu par l'art. 8, dernier paragraphe, que le déclinatoire ayant été admis en première instance, et la partie ayant interjeté appel de ce jugement, le préfet élève le conflit devant la cour. Dans ce cas, il nous semble que le préfet est limité, pour l'exercice de son droit, au délai de quinzaine qui suit la signification de l'acte d'appel ; il doit élever le conflit dans ce délai, à peine de déchéance.

Mais on peut supposer que le préfet, pour une cause quelconque, n'a pas présenté de déclinatoire en première instance. Le jugement de première instance venant à être frappé d'appel, il est certain, et c'est un des cas prévus par l'art. 4, que le préfet pourra élever le conflit, à la condition, bien entendu, de présenter un déclinatoire devant cette nouvelle juridiction. Dans ce cas, devra-t-on appliquer la même règle que pour le cas où l'appel est interjeté par la partie après l'admission du déclinatoire? Le préfet sera-t-il limité, pour présenter son déclinatoire et élever le conflit, dans le délai de quinzaine à partir de la signification de l'acte d'appel, ou bien, pourra-t-il présenter son déclinatoire tant que l'instance sera pendante, sauf à élever le conflit dans le délai de quinzaine qui suivra l'envoi des pièces par le procureur général? A notre sens, c'est ce second parti qu'il faut adopter. Si l'ordonnance n'a pas statué sur ce point, c'est qu'elle a entendu que, dans ce cas, les règles applicables en première instance le seraient également en appel.

Que signifient ces mots de l'art. 8:... *dans la quinzaine qui suivra la signification de l'acte d'appel ?* Cela doit-il s'entendre de la signification faite par l'appelant à l'intimé, ou bien de la signification de cet acte faite au préfet? « Il me paraît certain, dit M. Serrigny (t. Ier, « n° 189), que les termes de l'ordonnance doivent « être pris en ce dernier sens. Il serait absurde que le « préfet fût mis en demeure d'exercer son droit, à peine « de déchéance, par un acte qui lui est étranger et « qu'il ne connaît pas. Rien de plus naturel que cette « signification à faire au préfet par la partie appelante,

« puisqu'elle a eu nécessairement connaissance du
« mémoire du préfet qui a provoqué et fait admettre le
« jugement d'incompétence qui a déterminé son appel.
« Par ce déclinatoire, le préfet s'était, en quelque sorte,
« constitué partie dans la cause. Il faut donc lui dé-
« noncer l'appel, pour le mettre en demeure d'agir. »

Le dernier paragraphe de l'art. 8 prévoit le cas où
le tribunal aurait passé outre au jugement du fond,
avant l'expiration du délai de quinzaine accordé au
préfet pour élever le conflit. Malgré le jugement, le préfet
pourra prendre un arrêté de conflit dans ledit délai.

Cette exception au principe que le conflit ne peut
pas être élevé après des jugements ou arrêts définitifs,
est fondée sur l'objet et la pensée même du conflit, qui
procède de la crainte d'empiétements de la part de l'autorité judiciaire sur l'autorité administrative. Si l'on
tolérait que l'autorité judiciaire consommât par une
simple omission les empiétements que l'on redoute, il
serait trop facile pour elle de paralyser l'efficacité de
l'arme remise à l'administration pour combattre ces
empiétements. (Voyez ord. des 26 août 1835, 15 décembre 1842, 21 août 1845 et 21 janvier 1847. —
Arrêt de la cour de cassation du 26 mars 1834).

Faisons connaître maintenant dans quelle forme doit
être rédigé l'arrêté de conflit.

L'art. 9 de l'ordonnance s'exprime ainsi :

« *Dans tous les cas, l'arrêté par lequel le préfet élèvera*
« *le conflit et revendiquera la cause devra viser le jugement*
« *intervenu et l'acte d'appel, s'il y a lieu ; la disposition lé-*

« gislative qui attribue à l'administration la connaissance
« du point litigieux y sera textuellement insérée. »

« La partie la plus importante de cet article, dit
« M. Taillandier (1), est celle qui oblige le préfet à in-
« sérer textuellement dans son arrêté de conflit la dis-
« position législative qui attribue, suivant lui, à l'ad-
« ministration la connaissance du point litigieux. La
« commission n'a pas voulu, en effet, que le préfet pût
« se fonder vaguement sur la loi des 16-24 août 1790,
« sur celle du 21 fructidor an III, ou sur l'arrêté du 13
« brumaire an X, pour motiver un arrêté de conflit. Il
« faudra donc que le *préfet rapporte nettement la loi qui*
« *aura attribué la matière dont il s'agit à l'administration.* »

Il faut bien comprendre la portée de cet article et
des considérations qu'il a suggérées à M. Taillandier,
et surtout ne pas en exagérer la signification. Le conseil d'Etat a pensé que le préfet, en indiquant comme
base de la revendication une loi sans spécifier tel ou
tel article, et sans en reproduire le texte, peut être
considéré comme ayant suffisamment observé les prescriptions de l'article 9, et que, sous ce rapport, le conflit est régulier. (Ordonnances des 7 novembre 1834 ;
26 août 1835 ; 6 décembre 1844 ; 21 août 1845, etc.)

Quoi qu'en ait dit M. Taillandier, il peut se présenter
des cas où le préfet ne puisse appuyer sa revendication
même la plus légitime que sur le principe de l'indépendance de l'autorité administrative vis-à-vis de l'autorité judiciaire ; c'est ce qui arrive notamment lorsque

(1) Page 167.

la revendication se fonde sur ce que la contestation portée devant les tribunaux se trouve déjà vidée par des décisions administratives antérieurement rendues, ou bien encore sur ce qu'il s'agit de faire déterminer le sens et les effets d'actes administratifs. Le conseil d'Etat a décidé que, dans ces cas et dans d'autres analogues, le préfet avait suffisamment accompli les prescriptions de l'article 9, en insérant les lois qui posent le principe général de la séparation des pouvoirs. (Ordonnances des 18 avril 1835; 14 octobre 1836, 25 février 1841.)

Enfin, de ce qu'un préfet se serait trompé dans l'application d'un texte de loi, de ce qu'il aurait inséré un texte pour un autre dans son arrêté, on ne serait pas fondé à soutenir qu'il n'a pas accompli les prescriptions de l'article 9. Ce serait confondre avec des vices de forme ce qui touche au fond même de la contestation. L'ordonnance exige que le préfet insère les textes de lois sur lesquels il *croit* sa revendication fondée ; s'il se trompe dans l'application du texte, ce sera au conseil d'Etat à annuler son arrêté, non pour vice de forme, mais pour le fond. Mais si la compétence administrative résulte de dispositions législatives autres que celles que le préfet a invoquées, le conflit sera confirmé en vertu de ces dispositions, abstraction faite de l'erreur qu'aura commise le préfet, et qui ne constitue pas un vice de forme ou une irrégularité. (Ordonnances des 7 décembre 1844, 30 août 1845.)

Lorsqu'un préfet a pris un arrêté de conflit, il en

doit donner communication au tribunal. Le délai et les formes de cette communication sont déterminés par les articles 10 et 11 de l'ordonnance de 1828.

Art. 10. — « *Lorsque le préfet aura élevé le conflit, il* « *sera tenu de faire déposer son arrêté et les pièces y visées* « *au greffe du tribunal.*

« *Il lui sera donné récépissé de ce dépôt, sans délai et* « *sans frais.*

Art. 11. — « *Si, dans le délai de quinzaine, cet arrêté* « *n'avait pas été déposé au greffe, le conflit ne pourrait* « *plus être élevé devant le tribunal saisi de l'affaire.* »

On s'est demandé si le délai de quinzaine fixé par ce dernier article était le même que celui fixé par l'article 8, ou bien s'il devait s'ajouter à ce dernier. Cette question ne saurait plus faire de doute aujourd'hui. C'est dans la quinzaine de l'envoi prescrit par l'article 7 que le préfet doit, non-seulement prendre son arrêté de conflit, mais le faire déposer au greffe. Telle était, du reste, la pensée de la commission de 1828. Voici comment s'exprime, à cet égard, M. Taillandier (1) :

« Sur l'article 11, on pourra demander si le délai de « quinzaine qui s'y trouve mentionné est le même que « celui dont parle l'article 8 de l'ordonnance.

« Nous n'hésitons pas à nous prononcer pour l'affir- « mative.

« D'abord, l'un des principaux remèdes que le gou- « vernement a voulu apporter aux abus du conflit, par « le règlement dont nous nous occupons, c'est d'em-

(1) Page 169.

« pêcher que les longs délais auxquels il avait souvent
« donné lieu jusqu'ici, puissent se renouveler. Or, le
« délai de quinzaine, tant pour élever le conflit que
« pour en donner communication, a dû paraître suffisant.

« Ensuite, dans le projet d'ordonnance préparé par
« la commission et remis à M. le ga.e des sceaux,
« on lisait ces expressions : Si dans c lélai de quin-
« zaine, etc. — Cependant, l'ordonna..ce, telle qu'elle
« a été insérée au *Bulletin des lois*, porte : Si dans *le*
« délai, etc.

« Il faut présumer que ce léger changement de ré-
« daction est plutôt l'effet d'une erreur que le résultat
« d'une combinaison qui aurait pour effet de laisser au
« préfet le délai d'un mois, tant pour élever le conflit
« que pour en donner communication au tribunal. »

Du reste, la jurisprudence est entièrement conforme
à l'opinion exprimée par M. Taillandier. (Voyez ordonnances des 23 juillet 1841, 21 février 1842, 30 décembre 1843, 25 avril 1845, 7 décembre 1847. — Décrets
des 6 août 1852, 1ᵉʳ décembre 1853, etc.)

L'article 10 exige que le préfet fasse déposer au
greffe, outre l'arrêté de conflit, les pièces y visées : le
préfet n'est pas tenu de faire davantage ; les parties ne
peuvent demander, surtout à peine de nullité, qu'il
dépose les pièces mentionnées dans celles que vise l'arrêté de conflit. Au surplus, si le dépôt est possible, le
préfet fera bien de communiquer ces pièces aux parties.

L'article 11 qui établit un délai de rigueur pour le
dépôt au greffe, n'ayant mentionné que l'arrêté de con-

flit, le conseil d'Etat considère que ce délai n'est pas applicable aux pièces visées dans cet arrêté ; il a été décidé qu'elles peuvent être produites utilement jusqu'à ce qu'il soit prononcé sur la validité du conflit. (Ordonnance du 7 août 1843.)

M. Reverchon conteste avec raison, selon nous, l'exactitude de cette jurisprudence. Elle lui semble en opposition directe avec l'esprit de l'ordonnance. Et, en effet, il est d'abord évident que l'article 11 se réfère à l'article 10, et que c'est pour cela qu'il ne mentionne pas les pièces visées dans l'arrêté de conflit. De plus, l'article 13 exige que l'arrêté de conflit et les pièces soient communiqués aux parties avant l'envoi du dossier au conseil d'Etat ; or, si les pièces peuvent être produites jusqu'au jugement du conflit, les parties seront privées du droit que l'article 13 a entendu leur réserver et du moyen qu'il a voulu mettre à leur disposition pour présenter utilement leurs observations.

Le greffe où le dépôt de l'arrêté de conflit doit avoir lieu, est naturellement celui de la juridiction qui a statué sur le déclinatoire. Il faut cependant faire une exception à cette règle pour le cas où, le déclinatoire ayant été admis en première instance et la partie ayant interjeté appel, le conflit a été élevé, sans nouveau déclinatoire, devant la cour d'appel. Dans ce cas, le dépôt doit avoir lieu au greffe de la cour impériale et non au greffe du tribunal qui a statué sur le déclinatoire. On comprend cette exception ; car ici, le conflit a pour objet de dessaisir, non le tribunal qui s'est lui-même dessaisi, mais la cour que l'appel tend à saisir de nouveau. Il est donc nécessaire que la cour soit avertie par le dépôt que le préfet effectuera à son greffe.

Lorsque le préfet effectue le dépôt, le greffier doit lui en donner récépissé sans délai et sans frais. Il n'y a donc pas lieu de dresser acte du dépôt ; s'il en est dressé un, les frais restent à la charge du greffier.

Il importe qu'immédiatement après ce dépôt, le tribunal soit averti de l'existence du conflit. L'article 12 de l'ordonnance porte :

« *Si l'arrêté a été déposé au greffe en temps utile, le* « *greffier le remettra immédiatement au procureur du* « *roi, qui le communiquera au tribunal réuni dans la* « *chambre du conseil, et requerra que, conformément à* « *l'article* **27** *de la loi du* **21** *fructidor an III, il soit sursis* « *à toute procédure judiciaire.* »

Il ne faut pas croire, comme sembleraient le dire les premiers mots de cet article, que le greffier soit juge de la question de savoir si l'arrêté de conflit a été déposé au greffe en temps utile. Dans tous les cas, le greffier devra remettre l'arrêté au procureur impérial, pour que celui-ci puisse en donner communication au tribunal.

A la différence du déclinatoire qui doit être communiqué au tribunal en audience publique, l'arrêté de conflit doit être communiqué au tribunal réuni dans la chambre du conseil. « C'est un motif de convenance et « d'égard pour la magistrature, dit M. Taillandier, qui « a porté la commission de 1828 à adopter cette dispo·

« sition. En effet, on fit observer qu'il était dérisoire
« que ce fût en audience publique, et au moment où
« les juges sont saisis d'une affaire, que l'on vînt ainsi
« leur en arracher la connaissance. Il a donc paru
« plus convenable d'obliger le ministère public à com-
« muniquer l'arrêté de conflit au tribunal réuni dans
« la salle du conseil.... Cette explication, ajoute l'au-
« teur du commentaire, était nécessaire pour qu'on ne
« crût pas que c'était dans le but de restreindre la pu-
« blicité des affaires que la commission avait adopté
« cette disposition. »

Nous avons vu, sur l'article 6, que le procureur impérial était tenu, dans tous les cas, de faire connaître
au tribunal la demande formée par le préfet, mais qu'il
ne devait requérir le renvoi, que si la revendication
lui paraissait fondée. Ici, lorsqu'il s'agit de communiquer l'arrêté de conflit au tribunal, le ministère public
n'est pas libre de présenter telles ou telles réquisitions;
il est tenu, dans tous les cas, de requérir qu'il soit
sursis à toute procédure.

Aucun délai n'est fixé pour cette communication,
sans doute parce qu'on a pensé que, en raison même
de la nature de l'affaire, les officiers du ministère public s'empresseraient de porter l'arrêté du préfet à la
connaissance du tribunal.

Lorsque le ministère public a requis le sursis, le
tribunal doit, dans tous les cas, en exécution de l'article 27 de la loi du 21 fructidor an III, rendre un jugement conforme à cette réquisition.

La sanction de cette obligation se trouve d'abord dans l'article 128 du code pénal, qui décide que les juges qui, sur la revendication formellement faite par l'autorité administrative d'une affaire portée devant eux, auront néanmoins procédé au jugement, avant la décision de l'autorité supérieure, doivent être punis d'une amende de 16 francs au moins et de 150 francs au plus. De plus, aux termes du § 2 de l'article 8 de l'ordonnance de 1828, de ce que le tribunal aurait passé outre au jugement du fond, le droit de l'administration n'en subsisterait pas moins ; le préfet pourrait, nonobstant le jugement, suivre la procédure du conflit. Enfin, le conseil d'État a toujours regardé comme non avenues les décisions des tribunaux prises contrairement à l'article 12 de l'ordonnance.

Mais ici se présente une question qui divise les auteurs. L'autorité judiciaire est-elle toujours tenue de surseoir ? Ne peut-elle pas, ne doit-elle pas vérifier préalablement si l'arrêté de conflit qui lui est présenté est régulier en la forme et s'il a été pris dans les délais établis par l'ordonnance ? A cet égard, M. Duvergier, dans ses notes sur l'art. 12 de l'ordonnance de 1828, soutient que le tribunal n'est pas tenu de surseoir dans tous les cas, et qu'il peut, dans certaines circonstances, passer outre au jugement du fond , nonobstant l'arrêté de conflit.

« Nous n'hésitons pas à affirmer, dit-il, que le tri-
« bunal à qui sera communiqué un arrêté de conflit
« pourra passer outre : 1° Si le conflit est élevé en ma-

« tière criminelle ; 2° s'il est élevé en matière correc-
« tionnelle, hors des cas prévus par l'art. 2 ; 3° s'il
« est élevé pour défaut d'autorisation, ou faute d'ac-
« complissement de formalités préalables devant l'ad-
« ministration ; 4° s'il est élevé hors des cas prévus
« par l'article 4 ; 5° s'il est élevé après l'expiration des
« délais fixés par les articles 8 et 11 ; 6° enfin, s'il est
« élevé sans l'observation des formes prescrites par
« l'article 9.

« Il serait dérisoire, en effet, que les dispositions
« écrites dans l'ordonnance, et qui ont pour but de
« protéger l'autorité judiciaire contre les envahisse-
« ments de l'autorité administrative, ne pussent être
« appréciées par les tribunaux ; ceux-ci resteraient
« alors, comme par le passé, à la merci des préfets. »

Malgré toute l'autorité de M. Duvergier, nous ne
saurions admettre son opinion. « Il est bien évident,
« dit M. Serrigny (1), que l'effet immédiat du conflit est
« d'entraîner le sursis, sans qu'il soit permis à l'auto-
« rité judiciaire d'examiner le mérite de l'arrêté. Autre-
« ment qu'arriverait-il ? C'est que l'autorité judiciaire
« serait juge des actes de l'autorité administrative ; et
« de quels actes ? De ceux-là mêmes qui ont pour objet
« de la dépouiller. S'il y a un cas dans lequel il doit être
« interdit aux tribunaux de s'immiscer dans les actes
« de l'administration, c'est bien évidemment quand il
« s'agit de l'action en revendication formée par l'ad-
« ministration. Admettre le contraire, ce serait le ren-

(1) Tome 1er, n° 194.

« versement et la perturbation de toutes les idées
« d'ordre et de logique. »

Et qu'on ne dise pas que les garanties accordées par
l'ordonnance de 1828 contre l'abus du conflit deviennent alors illusoires. Elles conservent toute leur
efficacité, puisque, le délai de quinzaine une fois passé
sans qu'un arrêté de conflit ait été déposé au greffe, le
tribunal peut passer outre au jugement du fond ; et
que, dans le cas même où un arrêté de conflit aurait
été déposé, les délais dans lesquels il doit être jugé
par le conseil d'État sont assez courts pour que la
marche des affaires n'en soit pas interrompue.

Les questions de forme sont plus compliquées qu'on
ne pense, et bien souvent la forme emporte le fond. Ce
serait donc rendre les tribunaux juges du conflit, que
de leur donner le droit de refuser de surseoir, à raison
de l'irrégularité ou de la tardiveté du conflit.

Du reste, le conseil d'État n'a jamais hésité sur ce
point. Sa jurisprudence a toujours considéré que les
tribunaux excédaient leurs pouvoirs lorsque, sous le
prétexte que le conflit était irrégulier en la forme ou
avait été élevé tardivement ou pour tout autre motif, ils
refusaient de surseoir. (Voir ordonnances des 29 mars
1831, 3 février 1835, 2 juillet 1836, 18 février 1839,
23 avril 1840, 7 août 1843, 25 avril 1845, etc., etc.)

Une fois constitué par le dépôt au greffe, le conflit
cesse d'appartenir au préfet. Ainsi, ce fonctionnaire ne
pourrait pas rapporter le conflit. (Ord. du 7 avril 1824).

7°. *Réglement dn conflit positif.*

Les particuliers qui ont porté devant l'autorité judiciaire un débat que revendique l'autorité administrative, ont évidemment intérêt à présenter leurs observations sur la validité de cette revendication. L'art. 13
de l'ordonnance de 1828 leur fournit le moyen de présenter ces observations; il est ainsi conçu:

« *Après la communication ci-dessus, l'arrêté du préfet*
« *et les pièces seront rétablis au greffe où ils restent dé-*
« *posés pendant quinze jours. Le procureur du roi en pré-*
« *viendra de suite les parties ou leurs avoués, lesquels*
« *pourront en prendre communication sans déplacement,*
« *et remettre, dans le même délai de quinzaine, au parquet*
« *du procureur du Roi, leurs observations sur la question*
« *de compétence, avec tous les documents à l'appui.* »

Il importe de se fixer nettement sur le droit qui est
ouvert aux parties par cet article ; et pour cela, il est
nécessaire de rappeler quelques données historiques.

Jusqu'en 1813, et quoique la plupart du temps, les
formes des affaires contentieuses leur fussent appliquées, le conseil d'Etat admettait que les conflits n'é-
taient pas des affaires contentieuses, et que, par suite,
il n'y avait pas, pour les parties, de droit d'intervention.

En 1813, la jurisprudence du conseil changea. Un
avis du conseil d'État, du 19 janvier 1813, approuvé
le 22 par l'Empereur, admit que les conflits d'attributions rentraient dans le contentieux administratif. De

là, pour les parties, droit d'intervention, comme dans les autres affaires contentieuses.

Cet avis méconnaissait complétement la nature même du conflit. Pourtant cette jurisprudence erronée dura jusqu'en 1821. A cette époque, et à l'occasion d'une affaire spéciale, la question se trouva de nouveau posée devant le conseil d'État. Les comités réunis de législation et du contentieux, dans un avis du 6 février 1821, rétablirent les vrais principes de la matière.

Les conflits, y était-il dit, ne forment pas une contestation entre particuliers, mais entre les deux autorités publiques, administrative et judiciaire, qui chacune revendiquent la même affaire ou refusent de la juger. Dans ces sortes de débats, il ne s'agit ni d'intérêts privés, ni de l'application des lois civiles, mais du maintien de l'ordre public et de l'exécution des lois constitutionnelles; aussi ces affaires ne sont introduites ni par requête ni par citation, le conseil d'État ne pouvant en être saisi que par le gouvernement lui-même, qui seul a le droit de déférer à son examen l'arrêté de conflit. Ces affaires sortent tellement, ajoutait-on, de la classe des procès que, jusqu'en 1813, elles ont été instruites et décidées sans le concours des parties, sans qu'elles aient pu prendre part à la discussion ou former opposition aux décisions rendues; que si, depuis, on a admis les parties à fournir des observations, ce n'est pas qu'on ait reconnu leur intervention obligée et nécessaire dans l'instruction, mais uniquement afin d'obtenir des renseignements sur les faits qui peuvent éclairer la discussion et déterminer la décision à intervenir.

En conséquence, les comités étaient d'avis « que les
« ordonnances rendues en matière de conflits sont
« des actes de haute administration; qu'elles con-
« servent ce caractère alors même que les parties ont
« été entendues..., etc. »

Mais si les parties n'ont pas le *droit* d'être nécessairement entendues dans le règlement des conflits,
elles ont souvent intérêt à présenter des observations
sur la question de compétence; en conséquence il convient de leur en accorder la faculté. Ajoutons même
que souvent leurs observations pourront éclairer l'administration et jeter un jour utile sur la question de
compétence.

Aussi l'ordonnance du 12 décembre 1821 qui fut
rendue peu de temps après l'avis que nous venons de
rapporter, avait-elle surtout pour but de régler l'intervention des parties au jugement des conflits. Dans les
trois jours de la réception de l'arrêté de conflit, le
procureur du roi devait informer, par lettre, les avoués
des parties ou les parties elles-mêmes lorsqu'il n'y
avait pas d'avoué constitué, de l'existence du conflit,
en les avertissant qu'elles pouvaient prendre communication de cet arrêté à la préfecture, et s'en faire délivrer expédition sans frais. La remise de la lettre du
procureur du roi devait être constatée par certificat de
réception des avoués, des parties ou du maire de leur
domicile. Cet avertissement officiel mettait les parties
en demeure de produire leurs observations sur le con-

flit, et faisait courir contre elles le délai déterminé par l'article 4 du règlement du 22 juillet 1806.

L'ordonnance de 1828 a suivi la voie tracée par l'ordonnance de 1821 ; mais elle a considérablement abrégé les délais qui étaient beaucoup trop longs pour la prompte expédition des affaires.

Les pièces restent déposées quinze jours au greffe, et pendant ce délai, les parties peuvent adresser au parquet leurs observations.

A l'aide de cette explication historique, l'article 13 ne présente plus aucune difficulté.

Lorsque le délai de quinzaine accordé aux parties pour présenter leurs observations est écoulé, le procureur impérial est chargé de transmettre au gouvernement l'arrêté de conflit et les pièces nécessaires au jugement.

Art. 14. « *Le procureur du roi informera immédiate-* « *ment notre garde des sceaux, ministre secrétaire d'État* « *au département de la justice, de l'accomplissement des-* « *dites formalités, et lui transmettra en même temps l'arrêté* « *du préfet, ses propres observations et celles des parties,* « *s'il y a lieu, avec toutes les pièces jointes.*

« *La date de l'envoi sera consignée sur un registre à ce* « *destiné.*

« *Dans les vingt-quatre heures de la réception de ces* « *pièces, le ministre de la justice les transmettra au secré-* « *tariat général du conseil d'État, et il en donnera avis au* « *magistrat qui les lui aura transmises.* »

A cet article, nous devons en joindre un autre qui est venu, non l'abroger, mais le compléter. C'est l'art. 6 de l'ordonnance du 12 mars 1831 :

« *Le rapport sur les conflits*, y est-il dit, *ne pourra être* « *présenté qu'après la production des pièces ci-après énon-* « *cées, savoir : la citation, les conclusions des parties, le* « *déclinatoire proposé par le préfet, le jugement de compé-* « *tence, l'arrêté de conflit.*

« *Ces pièces seront adressées par le procureur du roi* « *à notre garde des sceaux, ministre de la justice, qui de-* « *vra, dans les vingt-quatre heures de la réception, lui adres-* « *ser un récépissé énonciatif des pièces envoyées, lequel sera* « *déposé au greffe du tribunal.*

« *Le ministre transmettra aussitôt les pièces au secré-* « *taire général du conseil d'État.* »

De ce que ce dernier article ne rappelle, parmi les pièces dont il exige l'envoi, ni les conclusions du ministère public sur le déclinatoire, ni ses observations sur l'arrêté de conflit, ni même celles que les parties ont pu fournir, il ne faut pas conclure que les officiers du ministère public puissent se dispenser d'envoyer ces pièces; comme nous le disions plus haut, l'art. 6 de l'ordonnance du 12 mars 1831 n'a pas abrogé, mais seulement complété l'art. 14 de l'ordonnance du 1er juin 1828.

Art. 7. Ordonnance du 12 mars 1831. — « *Il sera* « *statué sur le conflit dans le délai de deux mois, à* « *dater de la réception des pièces au ministère de la justice.*

« *Si, un mois après l'expiration de ce délai, le tribunal*

« n'a pas reçu notification de l'ordonnance royale rendue
« sur le conflit, il pourra procéder au jugement de l'af-
« faire. »

Cet article a remplacé les articles 15 et 16 de l'ordonnance de 1828 qui accordaient, pour statuer sur le
conflit, un délai de quarante jours à dater de l'envoi des
pièces au ministère de la justice. Ce délai pouvait être
prorogé sur l'avis du conseil d'Etat et la demande des
parties, sans pouvoir, en aucun cas, excéder deux
mois. Une fois ces délais expirés sans qu'il ait été
statué sur le conflit, l'instance pouvait être reprise devant les tribunaux.

Aujourd'hui, et en vertu de l'ordonnance de 1831
art. 7, les délais pour statuer sont de deux mois;
aucune prorogation de ce délai n'est possible. Mais le
tribunal doit attendre, pour procéder au jugement de
l'affaire, qu'un mois se soit écoulé depuis l'expiration
du délai de deux mois accordé au conseil d'Etat pour
juger le conflit.

A partir de quel moment le délai de deux mois, dont
il s'agit, commence-t-il à courir? Il est évident que c'est
seulement du jour où la production des pièces exigées
est complète. Là-dessus, la jurisprudence du conseil
d'Etat et celle de la cour de cassation sont complète-
ment d'accord. (Voyez ord. du 18 décembre 1840;
arrêt de la cour de cassation du 23 juillet 1839.)

Dans la pratique, la question des délais peut présenter certaines difficultés que nous allons exposer.

Si, dans les trois mois de la réception du dossier com

plet au ministère de la justice, le tribunal a reçu notification d'un décret rendu dans les deux mois sur le conflit, il ne peut pas y avoir de doute. Ou le conflit est confirmé, et alors le tribunal est complétement dessaisi. Ou l'arrêté du préfet est annulé, et, dans ce cas, le tribunal peut reprendre l'instance.

Si, après ce délai de trois mois, aucune notification ne lui est faite, le tribunal peut procéder sur la demande des parties à la reprise de l'instance et rendre son jugement sur le fond. Ici encore, nous n'apercevons pas la moindre difficulté.

Mais il peut se faire que le tribunal reçoive dans le troisième mois, notification d'un décret rendu après les deux mois, ou bien qu'il reçoive, après les trois mois et avant d'avoir statué au fond, notification d'un décret rendu après les deux mois, ou bien qu'il reçoive après le troisième mois, notification d'un décret rendu dans les deux mois. Ici la question semble se compliquer; et nous avons à nous demander ce qu'il convient de décider dans ces diverses hypothèses.

Devons-nous dire que la décision du conseil d'Etat peut intervenir même après les deux mois et que, si le tribunal n'a pas encore statué sur le fond du litige, au moment où il recevra, dans le troisième mois, ou même après ce terme, la notification d'un décret qui aura été rendu sur le conflit plus de deux mois après la date fixée, il devra s'arrêter comme si ce décret avait été rendu en temps utile ?

A notre avis, puisque des délais ont été assignés au conseil d'Etat pour statuer, ces délais doivent être observés sous peine de déchéance. De quoi se plaignait-on, en effet, avant 1828? On se plaignait de ce que le gouvernement, ne se croyant astreint à aucun délai pour vider les conflits, retardait indéfiniment la conclusion des affaires. Aussi l'ordonnance de 1828, dans ses art. 15 et 16, avait-elle fixé des délais qui, une fois expirés, devaient faire considérer l'arrêté de conflit comme non avenu. Si l'ordonnance de 1831 a allongé ces délais, c'est à cause de la publicité des séances qui, nécessairement, implique plus de perte de temps. Mais, dit on, l'ordonnance de 1831 n'a pas reproduit les termes de l'art. 16 de l'ordonnance de 1828 qui disait que « si les « délais ci-dessus fixés expiraient sans qu'il eût été « statué sur le conflit, *l'arrêté qui l'avait élevé devait* « *être considéré comme non avenu*, et l'instance pouvait « être reprise devant les tribunaux. » A cela nous répondrons que ceux qui font une pareille objection méconnaissent entièrement l'esprit et le texte même de l'ordonnance de 1831. Cette ordonnance porte, en effet, expressément que si le tribunal, au bout des trois mois, n'a pas reçu notification de la décision, *il peut passer outre au jugement de l'affaire.* S'il peut passer outre au jugement de l'affaire, c'est donc que la décision qui interviendrait tardivement serait considérée comme non avenue.

On objecte à ce système deux arrêts de la cour de cassation, dont l'un, du 31 juillet 1837, décidait que si la notification avait été faite dans les trois mois, quand bien même le décret aurait été rendu après les deux mois, cela suffisait pour empêcher le tribunal de passer outre au jugement du fond. Le second arrêt, du 30 juin 1835, a décidé que si le décret avait été rendu dans les deux mois, le défaut de notification dans le troisième mois ne pouvait pas autoriser le tribunal à passer outre.

Nous n'entreprendrons point de réfuter point par point ces deux arrêts : qu'il nous suffise de dire qu'ils n'interprètent pas les ordonnances de 1828 et de 1831, mais qu'ils les modifient considérablement.

Nous persistons donc à croire que si, dans le troisième mois, le tribunal n'a pas reçu notification d'une décision intervenue dans les deux mois précédents, ou si la notification qui lui est faite pendant ou après le troisième mois, constate elle-même que la décision est intervenue après ces deux mois, il peut et doit, à la demande des parties ou à la réquisition du ministère public, passer outre au jugement du fond.

Mais nous ne croyons pas, comme M. Boulatignier, que ce soit à l'autorité de laquelle émane l'ordonnance que les parties devraient s'adresser pour faire reconnaître qu'elle n'a pas été rendue en temps utile, que dès lors il y a lieu de la rapporter et d'appliquer la déchéance à l'arrêté du conflit. C'est au tribunal qui a été obligé de surseoir par suite de l'arrêté de conflit, qu'il faut s'adresser pour obtenir la reprise du litige. L'intention des auteurs de l'ordonnance de 1828 est manifeste ; ils ont voulu, quant à ce point spécial, placer la sanction de leurs prescriptions entre les mains de l'autorité judiciaire.

Quoique les conflits ne soient pas considérés comme des affaires contentieuses, ils sont cependant jugés dans les formes établies pour les affaires contentieuses.

Ce fut d'abord, après l'arrêté du 5 nivôse an VIII, la section de législation qui fut chargée de préparer la décision de l'assemblée générale du conseil sur les conflits. Lors de la création de la commission du contentieux, ce fût à elle que ce soin fut dévolu. Après l'Empire, il resta dans les attributions des comités qui, sous le nom de comité du contentieux ou de législation et de justice administratives, remplacèrent la commission du contentieux, l'un à partir de la Restauration, l'autre à partir du mois d'août 1830. Depuis le décret du 25 janvier 1852, c'est la section du contentieux qui prépare sur les conflits la décision de l'assemblée du conseil d'Etat siégeant au contentieux.

Nous avons vu que les parties pouvaient présenter des observations au parquet du procureur impérial sur l'arrêté de conflit. Elles sont admises également à produire des mémoires devant le conseil d'Etat, soit par elles-mêmes, soit par l'intermédiaire des avocats au conseil. Mais les plaidoiries des avocats qui se présentent à la barre au nom des parties sont entendues à titre de simples observations.

Après que le projet de décision a été arrêté par la section du contentieux, le dossier est transmis à l'un des commissaires du gouvernement, pour qu'il puisse en prendre connaissance et préparer ses conclusions.

Il nous suffit d'indiquer ces points principaux, sans entrer dans les détails de la procédure devant le conseil d'État.

On s'est demandé si les décrets rendus sur conflits doivent être considérés comme souverains à l'égard des parties; s'ils ne sont susceptibles d'aucune espèce de recours de leur part, et notamment s'ils ne peuvent pas être attaqués par la voie de l'opposition, lorsqu'ils ont été rendus sans que les parties aient été appelées ou entendues.

Nous avons déjà répondu implicitement à cette question, en traitant de la nature des ordonnances rendues sur conflits. Nous avons vu que le conseil d'État a long-temps considéré les conflits comme des affaires contentieuses ordinaires, mais qu'une ordonnance du 6 février 1821 a rétabli les vrais principes de la matière en disposant que les ordonnances rendues sur conflit ne pouvaient pas être assimilées à des arrêts, qu'elles étaient des actes de haute administration.

Depuis ce temps, la question ne fait plus le moindre doute, et le conseil d'État a constamment décidé que les décrets et ordonnances rendus sur conflit n'étaient pas susceptibles d'opposition. (Voyez ordonnances des 16 octobre 1832, 14 décembre 1832.)

8° Caractère et effets des décisions qui statuent sur les conflits.

Outre le point que nous venons de traiter, à savoir que les décrets rendus sur conflits ne sont pas susceptibles d'opposition, on peut tirer plusieurs conséquences du principe que les conflits ne constituent pas des affaires contentieuses.

Ainsi, les ordonnances ou décrets qui statuent sur les conflits ne sont pas passibles des droits d'enregistrement établis sur les jugements et arrêts par l'art. 47 de la loi du 28 avril 1816. Ces ordonnances ou décrets ne peuvent prononcer aucune condamnation de dépens à la charge ou au profit des parties qui ont présenté des observations sur le conflit. Ils ne peuvent donner lieu à des demandes en interprétation formées par les parties devant le conseil d'État.

Il nous reste maintenant à examiner les différents partis que peut prendre le conseil d'État relativement à un arrêté de conflit.

Quatre cas peuvent se présenter : ou le conseil d'État confirme intégralement l'arrêté de conflit, ou il l'annule intégralement, ou il le confirme pour partie, en l'annulant pour le surplus, ou il déclare qu'il n'y a lieu de statuer.

Reprenons chacune de ces hypothèses.

1° *Le conflit est confirmé intégralement.* Dans ce cas l'autorité judiciaire est entièrement dessaisie. Une disposition spéciale du décret qui confirme le conflit déclare en général non-avenus les actes et procédures judiciaires qui ont pu être faits jusque là. Et quand même cette disposition ne serait pas expressément formulée dans le décret, elle se supplée de plein droit; c'est, en effet, une conséquence toute naturelle de la confirmation du conflit.

Par là même que l'autorité judiciaire est complétement dessaisie par le décret de confirmation, celui-ci renvoie à l'autorité administrative la connaissance de la contestation.

Ici deux questions se présentent : 1° Lorsque le conseil d'État confirme le conflit, doit-il, peut-il désigner, dans l'ordre administratif, l'autorité compétente pour connaître de la contestation au fond? 2° Lorsque le conseil d'État confirme le conflit, quel est le sort des frais auxquels le procès a pu donner lieu devant le tribunal saisi, et à quelle autorité appartient-il de les régler?

Et d'abord, le conseil d'État peut-il désigner, dans l'ordre administratif, l'autorité qui doit connaître de la difficulté? Peut-il, en un mot, faire un règlement de juges dans le sein de l'autorité administrative?

Nous ne le croyons pas. La nature même du conflit s'y oppose. Qu'est-ce, en effet, que l'arrêté de conflit? C'est l'exercice d'une action par laquelle l'administration, en corps, revendique une attribution. Le maintien du conflit donne gain de cause à l'autorité administrative contre l'autorité judiciaire : et voilà tout. Il ne s'agit point, en pareil cas, d'opérer entre les fonctionnaires de l'ordre administratif le partage de leurs attributions. C'est aux parties à suivre la voie qui leur paraîtra la plus régulière.

En fait, le conseil d'État s'abstient généralement d'opérer ce règlement de juges dans les décrets qui confirment le conflit. Et si, quelquefois, dans les considérants, le conseil d'Etat laisse apercevoir son opinion touchant la compétence de tel ou tel corps administratif, cette indication ne se retrouve pas dans le dispositif.

Nous nous sommes demandé, en second lieu, ce que deviennent les frais qui ont été faits devant le tribunal primitivement saisi du litige. A cet égard, il nous semble qu'on peut admettre la distinction suivante. Si le tribunal a été complétement dessaisi par la confirmation intégrale du conflit, l'autorité administrative serait compétente pour prononcer la répartition des frais en même temps que le jugement sur le fond ; en supposant toutefois qu'il n'y ait pas contestation de la part des parties sur le règlement des frais à faire entre elles. Car si elles ne s'entendaient pas sur ce point, le tribunal devant qui les frais ont été faits, serait beaucoup mieux à même que l'autorité administrative, de procéder à la liquidation et à la taxe des dépens. (Ordonnance du **23 février 1814.**)

Que si, au contraire, le conflit n'était confirmé que sur tel ou tel point déterminé, s'il était annulé à l'égard de tels ou tels chefs, que les parties auraient ainsi à porter de nouveau devant l'autorité judiciaire, il semble que celle-ci conserverait seule le droit de prononcer sur tous les frais antérieurement exposés devant elle. Telle est, du moins, l'opinion de M. Reverchon, que nous adoptons pleinement. « Il serait, en effet, dit-il, « le plus souvent impossible d'établir une distinction « entre ceux de ces frais dont l'autorité administra- « tive aurait à faire alors la répartition et ceux qu'il « appartiendrait à l'autorité judiciaire de régler. »

Enfin, un troisième cas peut se présenter; c'est celui où les parties, après la confirmation du conflit, renonceraient à suivre l'instance devant l'autorité administrative, sans pouvoir néanmoins s'entendre sur la question des frais faits devant l'autorité judiciaire. Dans ce cas, il nous semble que, les deux autorités étant également dessaisies pour le fond de l'affaire, la compétence devrait être déterminée par la nature de la difficulté, qui est évidemment judiciaire en elle-même, et que le tribunal devant lequel auraient été faits les frais dont il s'agit demeurerait compétent pour en opérer la répartition.

2° *Le conflit est annulé intégralement.* Ici, deux hypothèses peuvent se présenter. Le conflit peut être annulé au fond, comme ayant mal à propos revendiqué la compétence administrative : ou il peut l'être seulement en la forme, pour cause d'irrégularité, de tardiveté, d'incompétence du préfet qui l'a élevé, etc.

S'il est annulé au fond, pas de difficulté; il ne peut plus être reproduit, même en appel, même après cassation. Sur ce point, la jurisprudence est d'accord avec la doctrine. (Décret du 8 avril 1852.)

S'il n'est annulé qu'en la forme, nous avons vu sur l'art. 4 qu'il peut être reproduit en appel. Mais peut-il être reproduit devant le même tribunal, en supposant que ce tribunal n'ait pas encore statué au fond ? Aux termes de l'art. 11, pour le cas où le conflit n'aurait pas été déposé au greffe dans le délai de quinzaine accordé au préfet pour élever le conflit et en effectuer le dépôt au greffe, il ne pourrait plus être élevé devant le tribunal saisi de l'affaire. Devons-nous généraliser et dire que, toutes les fois que le conflit est annulé en la forme, il ne pourra plus être reproduit devant le tribunal saisi du litige, quand bien même celui-ci n'aurait pas encore statué au fond ? Nous n'hésitons pas à répondre affirmativement. Le conflit annulé, par quelque motif qu'il soit annulé, ne peut être reproduit qu'en appel, et tel nous semble être le sens manifeste du dernier paragraphe de l'article 4, qui, en permettant de l'élever sur l'appel, lorsqu'il a été irrégulièrement élevé devant les premiers juges, interdit par là même de le présenter une seconde fois devant les mêmes juges.

Nous devons, toutefois, prévenir que la doctrine contraire a prévalu dans la jurisprudence. (Ordonnances des 29 juin et 15 décembre 1842, 9 janvier 1843.)

Nous avons vu plus haut que le conseil d'Etat, en confirmant un arrêté de conflit, devait éviter d'opérer un règlement de juges dans le sein de l'autorité administrative. A plus forte raison doit-il en être de même lorsque le conseil annule le conflit. Il ne doit pas et ne peut pas s'ingérer dans l'indication du tribunal spécial de l'ordre judiciaire qui doit connaître de l'affaire, parce qu'il ferait un règlement de juges entre les tribunaux judiciaires, ce qui est hors de ses pouvoirs. Il ne peut régler que les conflits d'attribution, et non les conflits de juridiction. Or, il règlerait là un conflit de juridiction.

3° *Le conflit peut être confirmé pour partie seulement et annulé pour le surplus.* — Dans ce cas, les chefs à l'égard desquels le conflit est annulé, restent de la compétence de l'autorité judiciaire qui ne doit s'abstenir de juger que les points déterminés sur lesquels le conflit a été confirmé.

Nous avons vu plus haut ce que devenaient, dans ce cas spécial, les frais antérieurement faits devant l'autorité judiciaire. Nous n'avons pas à y revenir.

4° *Enfin, le conseil d'État peut déclarer qu'il n'y a pas lieu de statuer.*

Ce cas arrive lorsque, depuis l'arrêté du préfet et avant la décision du conseil, la cause du conflit a cessé d'exister. Ces circonstances se sont présentées notamment :

1° Lorsque, dans l'intervalle, il est intervenu une loi attribuant formellement à l'autorité judiciaire le jugement des questions que le préfet revendiquait pour l'autorité administrative. (Ordonnance du 30 juillet 1828. — Décret du 2 avril 1852.)

2° Lorsque les délais fixés pour la décision du conflit sont expirés sans qu'il ait été prononcé par le chef de l'Etat. (Ordonnance du 8 avril 1831.)

3° Lorsqu'un désistement ou une transaction ont mis fin au litige. (Ordonnance du 22 février 1833. — Décrets des 27 février 1851, 20 juillet 1854.)

B. DU CONFLIT NÉGATIF.

« Le conflit négatif, dit M. Boulatignier, est, en
« quelque sorte, la contre-partie du conflit positif ; dans
« tous les deux, l'autorité administrative et l'autorité
« judiciaire se trouvent en présence, avec cette diffé-
« rence que, dans un cas, chacune de ces autorités
« veut s'attribuer la connaissance d'une même affaire,
« tandis que, dans l'autre, elles se déclarent respecti-
« vement incompétentes. »

C'est dans la jurisprudence qu'il nous faut rechercher les règles relatives aux conflits négatifs. L'ordonnance de 1828 ne s'en est pas occupée. Ce qui explique ce silence, ainsi que le fait remarquer M. Serrigny, c'est que le conflit négatif ne trouble pas la société ; il n'établit point de collision entre des pouvoirs rivaux : il n'entrave donc point la marche gouvernementale. Les inconvénients qu'il produit sont directement relatifs aux intérêts privés des parties, qui ne peuvent momentanément trouver de juges pour faire prononcer sur leurs différends. Sans doute, c'est toujours là une chose grave dans l'ordre social ; mais elle l'est infiniment moins que le conflit positif, qui établit une lutte entre les pouvoirs organisés.

Examinons d'abord quelles sont les conditions de l'existence du conflit négatif. Le conflit négatif ne peut se produire qu'entre deux autorités, l'une de l'ordre administratif, l'autre de l'ordre judiciaire. Si deux autorités administratives, ou deux autorités judiciaires, se déclaraient respectivement incompétentes, il n'y aurait pas là de conflit négatif ; il y aurait seulement lieu alors à faire fixer la compétence, suivant les cas, dans les formes judiciaires ou dans les formes administratives.

Il faut, de plus, que ces deux autorités, l'une administrative et l'autre judiciaire, aient été saisies du même litige et qu'elles s'en soient toutes deux dessaisies.

Enfin, pour qu'il y ait conflit négatif, il faut non-seulement que deux autorités, l'une administrative et l'autre judiciaire, aient refusé de connaître de la même question, mais encore que l'une d'elles fût réellement compétente pour en connaître. Ainsi, par exemple, si les parties ont saisi successivement un tribunal de commerce et un conseil de préfecture, alors que le litige rentrait dans la compétence, soit d'un tribunal civil, soit d'un ministre, c'est avec raison que les deux juridictions saisies se sont déclarées incompétentes ; ce n'est pas la justice qui, par l'erreur de ses organes, fait défaut aux justiciables ; ce sont les justiciables eux-

mêmes qui se sont trompés en ne s'adressant pas à la
juridiction qu'ils devaient saisir.

Peut-on soutenir que, pour qu'il y ait conflit négatif,
les décisions desquelles résultent les deux déclarations
d'incompétence doivent être, non-seulement défini-
tives, mais en dernier ressort? On serait tenté de le
croire, si l'on s'attachait rigoureusement à ce principe
que le conflit négatif suppose une interruption du cours
de la justice par suite d'une erreur de la justice elle-
même. En effet, pourrait-on dire, tant qu'il reste aux parties un moyen de faire redresser cette erreur par les voies
ordinaires de la hiérarchie judiciaire ou administrative,
la voie extraordinaire du conflit négatif doit leur être
fermée. Mais la jurisprudence n'a pas poussé si loin la
rigueur des principes. Elle permet aux parties d'épuiser,
si elles le veulent, les voies ordinaires de recours, et de
ne prendre la voie extraordinaire du conflit négatif qu'a-
près avoir suivi toutes les autres; mais elle les autorise
également à s'adresser de suite au juge du conflit négatif, encore bien que les deux déclarations d'incompétence ne soient pas en dernier ressort. (Voir Ord.
du 15 juin 1847.)

De tout ce que nous venons de dire, il résulte que le
conflit négatif se constitue par les déclarations d'incompétence de l'autorité judiciaire et de l'autorité administrative. Le préfet n'a point à prendre d'arrêté de
conflit; un pareil acte est ici sans objet. Il est évident,
en effet, qu'il n'y a point de revendication à exercer au
profit de l'autorité administrative contre l'autorité ju-

diciaire, puisque les deux autorités, loin de se disputer la connaissance d'une même affaire, se la renvoient réciproquement.

Avant d'examiner comment le conflit négatif doit être instruit et jugé, il convient de rechercher à quelle autorité il appartient de faire ce règlement.

Comme la loi ne s'est pas expliquée sur ce point, nous devons recourir aux principes généraux de notre droit public en matière de conflit. « Le règlement du « conflit négatif, dit M. Boulatignier, ne pouvait être « considéré comme le règlement de juges ordinaires et « déféré comme tel à la cour de cassation ; en effet, « d'une part cette cour ne ferait qu'une œuvre insuffi- « sante si elle se bornait à prononcer sur la décision « judiciaire, et, d'autre part, elle ne pourrait apprécier « la décision administrative sans sortir de la sphère de « ses pouvoirs ; l'autorité royale seule, également su- « périeure à l'administration et aux tribunaux, a le pou- « voir d'apprécier simultanément le mérite de leurs « actes, de vérifier et déclarer leur compétence et, par « suite, de maintenir ou d'invalider les déclarations « d'incompétence. »

C'est donc à l'Empereur en conseil d'État, qu'il appartient de régler les conflits négatifs.

Dans quelle forme doivent-ils être instruits et réglés ? Sauf quelques différences, les conflits négatifs constituent des affaires contentieuses, à l'instruction et au jugement desquelles il y a lieu d'appliquer les règles ordinaires de la procédure propre à ces sortes d'af-

faires. Il faut conclure de là que la demande en règlement de juges doit s'introduire au conseil d'Etat par
une requête avec constitution d'avocat, et qu'elle doit
être communiquée, instruite et jugée dans la forme du
règlement du 22 juillet 1806. Telle est, du reste, la
forme observée par la jurisprudence du conseil d'Etat.

Il y a cependant, sous ce rapport, quelques différences entre les conflits négatifs et les affaires contentieuses ordinaires. D'abord l'article 11 du règlement du 22 juillet 1806 qui limite à trois mois le
délai du recours au conseil d'Etat, ne saurait être applicable au cas de conflit négatif. Il importe que les
parties aient un juge, et cela non-seulement dans leur
propre intérêt, mais aussi dans l'intérêt social ; l'expiration du délai ne leur en donnerait pas. Il est donc impossible de fixer un délai fatal, passé lequel la demande
en règlement de juges ne serait plus recevable.

En second lieu, le recours de la partie qui se constitue demanderesse dans une affaire contentieuse est,
en général, communiqué à la partie adverse, dans la
forme établie par les articles 4 et 12 du règlement du
22 juillet 1806. Lorsqu'il s'agit d'un conflit négatif, le
défaut de signification de l'ordonnance de soit-com-
muniqué dans le délai de trois mois n'entraînerait pas
la déchéance du recours ; en effet, les parties, après la
déchéance prononcée, n'en resteraient pas moins sans
juges et seraient toujours fondées à demander que le
conflit négatif fût vidé. (Ordon. du 23 juin 1819.)

Sans prétendre énumérer toutes les conséquences

qui résultent do ce que le conflit négatif constitue une affaire contentieuse, nous pouvons en indiquer quelques-unes. Ainsi : 1° Les décrets rendus en cette matière doivent donner lieu au droit d'enregistrement établi sur les jugements et arrêts par l'article 47 de la loi du 28 avril 1816 ; 2° ils peuvent être attaqués par les voies de recours organisées, dans certains cas, contre les décisions émanées du conseil d'Etat ; 3° ils peuvent contenir une condamnation aux dépens, si les parties y ont conclu.

Aucun délai n'a, du reste, été fixé pour le jugement des conflits négatifs.

Lorsque l'affaire soumise au conseil d'Etat présente réellement un conflit négatif à régler, le décret qui intervient déclare quelle autorité était compétente pour connaître de la contestation, annule les décisions par lesquelles cette autorité s'est déclarée incompétente, et renvoie les parties devant elle pour y faire juger leur différend. Mais il importe de remarquer une différence entre le cas où l'affaire est renvoyée devant l'autorité judiciaire et celui où elle est renvoyée devant l'autorité administrative. Dans le premier cas, le conseil d'Etat n'annule pas expressément le jugement intervenu : il le déclare seulement non avenu. S'il renvoie les parties devant l'autorité administrative, il annule formellement la déclaration d'incompétence émanée de cette autorité. « Cette différence de pure forme, dit M. Re- « verchon, tient à ce que le conseil d'Etat n'est qu'ac- « cidentellement investi d'un pouvoir de juridiction

« sur les tribunaux de l'ordre judiciaire, tandis qu'il
« est le juge et le réformateur hiérarchique des actes
« administratifs qui lui sont déférés pour cause d'excès
« ou de méconnaissance de pouvoirs. »

Du reste, le renvoi de l'affaire devant le tribunal
saisi primitivement n'implique pas nécessairement la
compétence de ce tribunal ; on peut plaider devant lui
toutes les exceptions d'incompétence tirées de la hiérarchie judiciaire qui n'auraient pas pour objet le retour à l'autorité administrative.

C. DU CONFLIT EN ALGÉRIE.

Avant 1848, on s'était peu occupé des conflits qui
pourraient s'élever en Algérie entre l'autorité administrative et l'autorité judiciaire. Une ordonnance du 10 août
1834, concernant l'organisation de l'ordre judiciaire et
l'administration de la justice dans les possessions françaises du nord de l'Afrique, s'occupait également de la
juridiction administrative. L'art. 54 de cette ordonnance
attribuait au conseil d'administration établi près du
gouverneur la connaissance des actes d'administration attribués en France au conseil d'Etat. Et l'art. 57
ajoutait : « *Lorsque l'autorité administrative élève le con-*
« *flit d'attribution, il est jugé, en dernier ressort, par le*
« *conseil, réuni sous la présidence du gouverneur, auquel*
« *est adjoint un nouveau membre de l'ordre judiciaire.* »

Du reste, aucune disposition n'était relative aux cas
dans lesquels le conflit devait être élevé, ou au mode

à suivre pour l'élever. On s'en rapportait sur ce point aux règles établies en France.

Une ordonnance du 26 septembre 1842 décida que le conseil d'administration ne déciderait plus en dernier ressort; l'art. 67 de cette ordonnance porte : « *sauf* « *appel au conseil d'État s'il y a lieu.* » C'était un pas fait vers la compétence exclusive du conseil d'État.

En 1848, le président de la république prit, en date du 30 décembre, un arrêté qui réglait l'exercice et le mode de jugement du conflit positif en Algérie. Cet arrêté n'est qu'une reproduction de l'ordonnance du 1er juin 1828, rendue applicable à l'Algérie.

Il existe cependant certaines différences que nous devons signaler. Ainsi : 1° les art. 2, 6 et 9, pour prévenir toute difficulté, appliquent le droit et l'obligation d'élever le conflit à tous les cas où la revendication administrative peut s'appuyer sur une diposition législative dans le sens local du mot, c'est-à-dire, sur une disposition, soit des lois générales soit des ordonnances ou arrêtés ayant force de loi en Algérie.

2° Le § 3. de l'art. 6 comblant une lacune de l'ordonnance de 1828, fixe un délai dans lequel le ministère public doit faire connaître le déclinatoire au tribunal ou à la cour; ce délai est de quinze jours à dater de la réception du mémoire.

3° le § 1er de l'art. 3 porte à un mois le délai de quinzaine établi, pour ce cas, par l'ordonnance de 1828.

4° Le deuxième § de l'art. 8 consacre expressément la faculté d'élever le conflit sans nouveau déclinatoire, dans le cas où, le déclinatoire ayant été admis par le tribunal, la partie interjetterait appel du jugement.

5° L'art. 14 prescrit la communication des dossiers de conflits par le ministre de la justice au ministre de de la guerre.

6° Les art. 15 et 16 portent à trois mois et à quarante jours les délais de deux et d'un mois, établis par l'art. 7 de l'ordonnance de 1831.

Sauf ces différences, tout porte à croire que les solutions consacrées par la jurisprudence à l'égard des conflits élevés en France seraient applicables aux conflits élevés en Algérie.

Quant aux conflits négatifs, l'arrêté de 1848 ne s'en étant pas occupé, ils devraient être vidés d'après les règles appliquées en France.

D. DU CONFLIT DANS LES COLONIES AUTRES QUE L'ALGÉRIE.

Jusqu'en 1825, lorsqu'il s'élevait un débat de compétence entre l'administration et les tribunaux dans une colonie, on considérait que le conflit devait être élevé par le gouverneur et jugé directement par le conseil d'Etat, comme pour les arrêtés pris par les préfets de la métropole : l'affaire était introduite par un rapport du ministre de la marine, et le comité du contentieux préparait la décision sans faire aucune communication. (Ordonnance des 19 décembre 1821, 6 novembre 1822, 9 juin 1824.)

Cet état de choses a été modifié par une ordonnance royale du 21 août 1825 portant organisation du gouvernemênt de l'Ile Bourbon (la Réunion). L'art. 160 de cette ordonnance est ainsi conçu : « Le conseil privé « connaît, comme conseil du contentieux administra- « tif : 1° des conflits positifs ou négatifs élevés par les « chefs d'administration, chacun en ce qui le concerne, « et du renvoi devant l'autorité compétente, lorsque « l'affaire n'est pas de nature à être portée devant le « conseil privé..... »

Et l'article 161 ajoute :

« Les parties peuvent se pourvoir devant le conseil « d'Etat, par la voie du contentieux, contre les déci- « sions rendues par le conseil privé sur les matières « énoncées dans l'article précédent. Ce recours n'a « d'effet suspensif que dans les cas de conflit. »

Ainsi, cette ordonnance considère le conflit, même positif, comme une affaire contentieuse ordinaire : car elle ne confie pas le droit et le soin de l'élever à un fonctionnaire unique, agissant en vue de l'ordre et du maintien des compétences ; elle confie cette attribution à chaque chef d'administration, dans le cercle et dans l'intérêt de son propre service ; elle remet la décision en premier ressort au juge ordinaire du contentieux dans les colonies, et si le conseil d'Etat est appelé à en connaître, c'est seulement sur le recours, soit de l'administration, soit des parties elle-mêmes (1).

(1) M. Reverchon.

Les mêmes dispositions se retrouvent : 1° Dans les art. 176 et 177 de l'ordonnance du 9 février 1827, concernant le gouvernement de la Martinique et de la Guadeloupe; 2° dans les art. 165 et 166 de l'ordonnance du 27 août 1828, concernant le gouvernement de la Guyane française; 3° dans les art. 108 et 109 de l'ordonnance du 23 juillet 1840, concernant le gouvernement des possessions françaises dans l'Inde ; 4° dans les art. 113 et 114 de l'ordonnance du 7 septembre 1840, concernant le gouvernement du Sénégal ; 5° dans les art. 105 et 106 de l'ordonnance du 18 septembre 1844, concernant le gouvernement des îles Saint-Pierre et Miquelon.

POSITIONS.

—

DROIT ROMAIN.

I. En introduisant l'action *de tigno juncto*, le texte de la loi des Douze tables ne faisait aucune distinction entre le *tignum furtivum* et le *tignum non furtivum* (loi 63, pr. D. *de Donationibus inter virum et uxorem*). Cette distinction n'a été introduite que par une jurisprudence postérieure. (*Nec obstat*, loi 1re D. *de tigno juncto*.)

II. Lorsque, *donationis causâ*, une personne s'est engagée par stipulation à payer à une autre une somme supérieure au taux fixé par la loi Cincia, et que la donation a été exécutée, le donateur ne peut point revenir sur la libéralité par une *condictio sine causâ*. (*Nec obstant*, loi 21, D. *de Donationibus*, et loi 5, p. 5. D. *de doli mali et metûs exceptione*.)

III. Lorsqu'un mineur de vingt-cinq ans, pourvu d'un curateur, avait contracté une obligation sans l'assistance de ce curateur, cette obligation était valable *ipso jure*, sauf le secours de la *in integrum restitutio*, si l'on se place à l'époque des jurisconsultes (loi 101, D. *de verborum obligationibus*); mais cette jurisprudence fut abrogée par Dioclétien et Maximien qui, dans le cas proposé, assimilèrent le mineur à un prodigue interdit. (Loi, 3, C. *de in integrum restitutione*).

IV. Suivant le § 3 aux Instituts, *de emptione vendi-tione*, la perte fortuite de la chose vendue postérieurement à la vente quoiqu'avant la tradition, doit être supportée par l'acheteur. Cette doctrine n'avait pas prévalu sans contestation ; elle avait été combattue par Africain et c'est de cette façon seulement qu'on peut se rendre compte de la loi 33, D. *locati conducti*.

V. Le demandeur en revendication ne peut point être repoussé par l'exception *rei judicatæ*, lorsque la cause sur laquelle il se fonde est différente de celle qu'il a fait valoir dans un premier procès, si, au moyen d'une *præscriptio*, il a évité, lors de ce premier procès, de déduire tout son droit *in judicium*. (*Nec obstat*, loi 14, § 2 D. *de exceptione rei judicatæ*.

VI. Les aliénations faites par la femme pour le compte d'autrui ne tombent pas sous la prohibition du sénatus-consulte Velléien. La loi 5, D. *ad senatus consultum Velleianum*, applique cette idée à la vente que la femme a faite de sa chose, alors qu'elle a employé le prix à l'extinction de la dette d'un tiers ; et cette loi n'est nullement contredite par la loi 32, p. 2. D. *eodem titulo.*

VII. Celui qui achète une chose d'un fou, ignorant l'état de folie, peut non-seulement usucaper, mais encore exercer contre les tiers l'action publicienne (loi 7, p. 2. D. *de publiciand in rem actione*). Mais s'il exerçait l'action publicienne contre le vendeur lui-même, il ne pourrait point paralyser l'exception *justi dominii* par la *replicatio rei venditæ et traditæ.* (Loi 2, p. 16. D. *pro emptore*).

VIII. Lorsqu'une sentence d'absolution est fondée sur l'inexistence ou l'extinction d'une dette, celui qui pourrait s'en prévaloir et qui paye par erreur peut exercer la *condictio indebiti,* sans que celui qui a reçu puisse se retrancher derrière la survivance d'une prétendue obligation naturelle (*Nec obstant,* loi 60, pr. De de condictióne indebiti, et loi 27 D. *de pignoribus*).

DROIT CIVIL FRANÇAIS.

I. Le tiers saisi peut payer entre les mains du saisi ce qui excède les causes de la saisie.

II. Le légataire à titre universel n'a droit aux fruits qu'à compter de sa demande en délivrance, quand bien même il la formerait dans l'année qui suit l'ouverture de la succession.

III. Un jugement rendu au pétitoire peut servir de base à la jonction des possessions.

IV. Le dernier acquéreur est obligé de faire transcrire les contrats de tous les vendeurs aux créanciers hypothécaires desquels il veut enlever le droit de s'inscrire.

V. Lorsque le premier acheteur a revendu l'immeuble après avoir fait transcrire, le vendeur n'a pas besoin de s'inscrire dans les quarante-cinq jours de son acte de vente, pour conserver son privilége à l'encontre du sous-acquéreur, quand bien même le conservateur n'aurait pas inscrit d'office ce privilége.

VI. Le donataire avec charges ne peut être contraint à l'exécution des charges.

VII. L'art. 1543 qui prohibe la constitution ou l'augmentation de la dot pendant le mariage, s'adresse aux tiers donateurs.

VIII. L'enfant né trois cents jours après la dissolution du mariage ne peut pas être déclaré légitime par les tribunaux.

DROIT ADMINISTRATIF.

I. En cas de renvoi après cassation, le préfet du département dans lequel se trouve le tribunal primitivement saisi, est seul compétent pour élever le conflit.

II. Le tribunal auquel est notifié un arrêté de conflit, ne peut pas, sans excès de pouvoir, vérifier si les conditions prescrites à peine de nullité ont été observées.

III. Le conflit peut être élevé devant la juridiction des référés.

IV. Dans le cas où le décret rendu sur conflit n'aura été notifié au tribunal qu'après les trois mois, mais avant le jugement du fond, le tribunal peut passer outre.

V. L'art. 17 de la loi du 3 mai 1841 n'a point été abrogé par l'art. 6 de la loi du 23 mars 1855.

VI. Les art. 30, 31 et 32 de la loi du 10 septembre 1807 sont encore en vigueur.

DROIT PÉNAL.

I. Les condamnations par contumace n'entraînent pas l'interdiction légale.

11. Les circonstances qui sont de nature à changer la qualification légale du fait imputable à l'auteur principal étendent leur effet aux complices, bien qu'elles résultent de qualités personnelles à l'auteur principal.

DROIT DES GENS.

Une puissance neutre qui se rend adjudicataire d'un navire capturé sur l'une des puissances belligérantes, ne fait point acte d'hostilité.

Permis d'imprimer.

Le vice-recteur,
A. MOURIER.

Vu par le président de la thèse,
VUATRIN.

Vu par le doyen de la Faculté,
PELLAT.

PARIS. — IMP. V. GOUPY ET C", RUE GARANCIÈRE, 5.

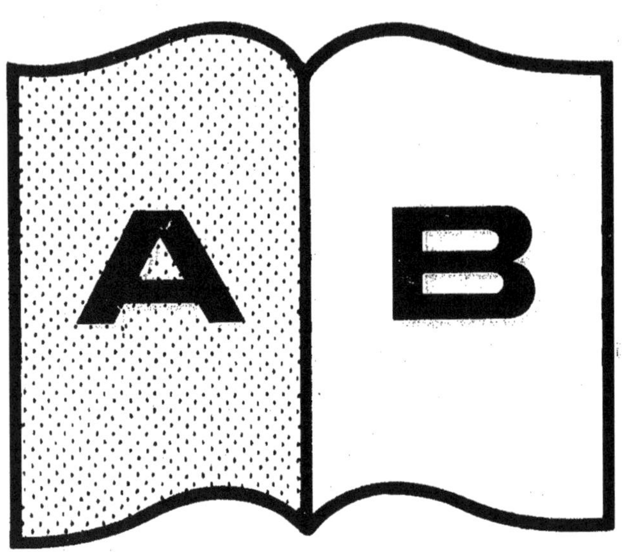

Contraste insuffisant

NF Z 43-120-14

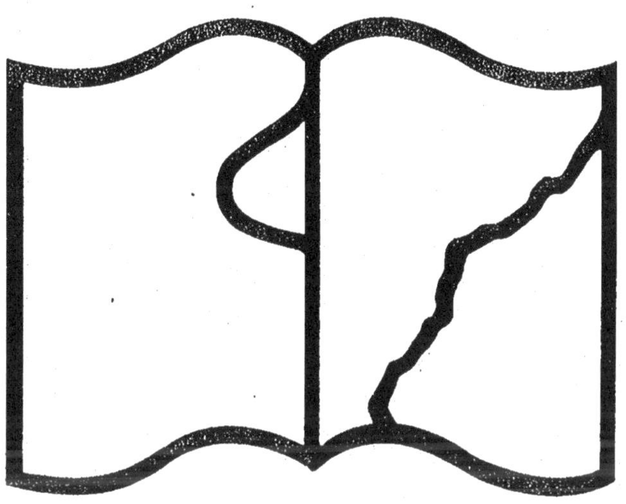

Texte détérioré — reliure défectueuse

NF Z 43-120-11

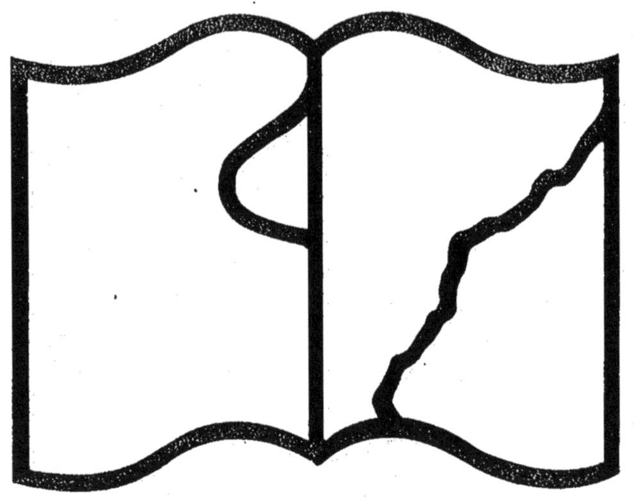

Texte détérioré — reliure défectueuse

NF Z 43-120-11

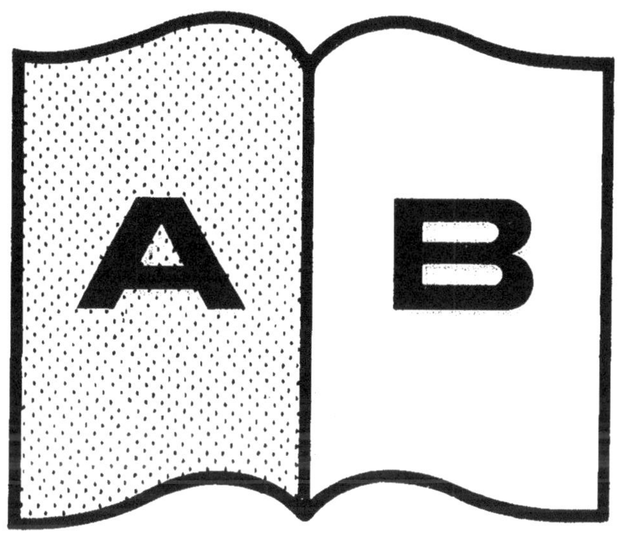

Contraste insuffisant

NF Z 43-120-14